TED
DYN YR ADAR

TED
DYN YR ADAR

Golygyddion:

Anwen Breeze Jones

Twm Elias

GOMER

Argraffiad cyntaf—2000

ISBN 1 85902 901 9

Mae Anwen Breeze Jones a Twm Elias wedi datgan eu hawl
dan Ddeddf Hawlfraint, Dyluniadau a Phatentau 1988
i gael eu cydnabod fel awduron y llyfr hwn.

Cedwir pob hawl. Ni chaniateir atgynhyrchu unrhyw ran o'r cyhoeddiad hwn,
na'i gadw mewn cyfundrefn adferadwy, na'i drosglwyddo mewn unrhyw ddull
na thrwy unrhyw gyfrwng, electronig, electrostatig, tâp magnetig, mecanyddol,
ffotogopïo, recordio, nac fel arall, heb ganiatâd ymlaen llaw gan y
cyhoeddwyr, Gwasg Gomer, Llandysul, Ceredigion, Cymru.

Dymuna'r cyhoeddwyr gydnabod cymorth Adrannau Cyngor Llyfrau Cymru.

Argraffwyd yng Nghymru gan
Wasg Gomer, Llandysul, Ceredigion

Cynnwys

Rhagarweiniad 9

Pennod 1
YR ADARYDD YN EI FRO 13

Pennod 2
TYLLUANOD 30

Pennod 3
BRAIN COESGOCH 37

Pennod 4
ADAR Y DŴR 40

Pennod 5
ANIFEILIAID AC YMLUSGIAID 55

Pennod 6
DIDDORDEBAU AMRYWIOL 61

Pennod 7
TEITHIAU TRAMOR 71

Pennod 8
TIRLUNIAU 90

Cofio Ted Breeze Jones gan Gwyn Thomas 101

Cyhoeddiadau Ted 103

Rhestr o'r Cyfranwyr 104

Diolchiadau

Pleser o'r mwyaf oedd cydsynio â Dyfed Elis-Gruffydd, pan awgrymodd ei fod yn awyddus i gyhoeddi Llyfr Teyrnged i'm diweddar ŵr, Ted Breeze Jones. Y bwriad oedd cyhoeddi cyfrol yn adlewyrchu dawn a chariad Ted tuag at adar, byd natur yn gyffredinol, a phrydferthwch ein gwlad.

Ni allaswn fyth fod wedi cychwyn ar y gwaith heb gymorth parod Twm Elias. Buom wrthi'n ddygn iawn yn didoli'r stôr enfawr o luniau – cofier bod Ted wedi bod yn brysur gyda'r camera ers yn agos i hanner cant o flynyddoedd.

Diolch i Dyfed am hau'r had fel petai, ac i Twm am fod mor ffyddlon a diflino gyda'r gwaith. Roedd yn fwynhad pur darllen a rhannu'r atgofion a anfonwyd gan lu o gyfeillion a chymheiriaid Ted. Diolch yn fawr iawn i chi oll am gyfoethogi cynnwys y llyfr.

Un swil a dirodres oedd Ted, na fyddai wedi dymuno gweld cyfrol iddo ef ei hun; ond mi wn i sicrwydd ei fod yn gwir haeddu'r deyrnged hon, sydd hefyd yn deyrnged i'w waith oes fel poblogeiddiwr byd natur. Cefais fwynhad mawr yn cydweithio â Twm arni.

Diolch o galon i Marian Elias am fod mor drylwyr gyda'r feiro goch, a hynny'n aml ar fyr rybudd, ac i Wasg Gomer, dan olygyddiaeth Bethan Matthews, am y gwaith taclus a thrylwyr a wnaed â'r gyfrol.

ANWEN BREEZE JONES

Ted Breeze Jones (1929-1997)

Traethai'r ffraeth naturiaethwr – o'i arlwy'n
    Llawn bwrlwm y sgwrsiwr
   A gwir anian gwerinwr
   A'i hwyl iach – rhyfeddol ŵr.

Rhywfodd, fe rannodd gyfrinach – y wig,
    Neu glogwyn, a chilfach;
   Ni roddwyd un ddawn rwyddach
   I drin byd aderyn bach.

Sŵn galaru tylluan – a wania
    Ddu ffenestr ei guddfan;
   A galwad oergri gwylan
   O'i golli ef i gell llan.

ARTHUR THOMAS
(Porthmadog)

Mehefin 4, dydd Mawrth
 Daeth Mr Breeze Jones i roi cuddfan ar nyth y titw mawr yn y bocs nythu . . . Cefais nyth gwybedog mannog yn y ceunant.

Mehefin 8, dydd Sadwrn
 Mr Breeze Jones yn tynnu lluniau o'r titw mawr . . .

Mehefin 12, dydd Mercher
 Ês i dynnu llun y gwybedog mannog, a hefyd nyth telor y coed wrth ymyl un y llynedd. Roedd gan Mr Breeze Jones guddfan yno, felly ês i mewn ac wrth lwc cefais lun o'r aderyn yn dychwelyd

Mehefin 13, dydd Iau
 Mr Breeze Jones yn tynnu lluniau lliw o'r telor.

Mehefin 18, dydd Mawrth
 Mr Breeze Jones yn rhoi cuddfan ar nyth y gwybedog mannog. Rhoi'r trybedd gynta, wedyn codi'r gyddfan drosto. Cawsom hwyl fawr yn ei godi.

Mehefin 21, dydd Gwener
 Mr Breeze Jones yn tynnu lluniau o'r gwybedog mannog.

Gorffennaf 11, dydd Iau
 Daeth Mr Breeze Jones i Pant-yr-Afon i dynnu lluniau'r siglen lwyd.

Gorffennaf 13, dydd Sadwrn
 Mr Breeze Jones yn dod i Pant-yr-Afon. Pistyllio bwrw felly ddaeth o ddim i fy nôl. Ei gêr yn wlyb ac unwaith yn unig y gweithiodd y fflach, ond hwnnw'n llun da.

Roedd Ted yn gallu bod yn ddigon direidus ac yn hoff o chwarae triciau. Rwy'n ei gofio yn adrodd ei hanes mewn cuddfan yng Nghwmbowydd heb fod nepell o'r llwybr cyhoeddus. Ar ôl aros yno am gryn amser gwelodd ddwy wraig oedrannus yn cerdded y llwybr, a dyma gyfle i chwarae tric arnynt; dyma ddynwared y gog ddwywaith neu dair a gwrando ar yr ymateb. Eglurodd un wraig wrth y llall, 'mae mis Mawrth yn gynnar iawn i'r gog ganu yn Cwmbowydd!'

EMYR ROBERTS

CEFAIS y fraint o fod yn un o'r llu o blant a chwiliai am nythod adar a fyddai o ddiddordeb i'r adarydd nodedig bob gwanwyn. Aml oedd fy ymweliadau i'w dŷ yn Norfil ac roedd ganddo ryw ddull hawddgar o gyfleu yn gynnil pan na fyddai nyth hwn a hwn o ddim diddordeb iddo. Roedd y llawenydd yn fwy felly pan gymerai ddiddordeb weithiau mewn nyth fel y Pela Gynffon Hir mewn eithin ger fferm Cwmbowydd, dro arall Delor y Cnau, y Dringwr Bach neu'r Gwybedog Mannog. Uchafbwynt fy nyddiau fel darganfyddwr nythod fodd bynnag oedd cael Ted i ddod i dynnu llun y Fronwen wrth ei nyth ar raeadr fach ar afon Dubach, nid nepell o'n tŷ ni ym Mronddwyryd. Braint oedd cael cario coed a sachau'r guddfan i fyny'r cae at y nyth. Gwell fyth oedd cael yr arwr acw i swper am nifer o nosweithiau hyd nes teimlai ei fod wedi cael y llun iawn.

GARETH LLOYD

YCHYDIG iawn o adarwyr eraill oedd o gwmpas pan oedd Ted yn astudio a thynnu lluniau yn y cyfnod cynnar, ac mae cofnodion a sylwadau ar adar a'u harferion o'i ardal ef yr adeg honno yn beth amheuthun iawn. Soniai'n aml am y cyfnod gan ddwyn i gof gyflwr poblogaeth sawl rhywogaeth sydd wedi newid yn arw erbyn hyn. Cofiai boblogaeth iach o'r Hebog Tramor cyn y trai yn eu hanes ac yntau'n enwi safleoedd lle'r arferai weld eu nythod. Bu adferiad llwyr wedi'r gostyngiad wrth gwrs. Anhygoel bron oedd clywed ganddo fod y Cigydd Cefngoch wedi nythu yn yr ardal yn y gorffennol ond bu Ted yn dyst i laddfa'r adar hyn wedi eu trywanu ar y drain. Gwelodd a thynnodd lun o'r Gynffon Sidan ar un o'i hymweliadau oriog prin yn yr ardal. Nid hawdd oedd casglu gwybodaeth hyderus am adar yn lleol heb neb o gwmpas i gyfnewid sylwadau, ond gwelodd Ted y Siglen Wen ar ei hymfudiad a hynny yng nghanol Brith y Fuches a'r ddau mor debyg i'w gilydd. Canfu hefyd y Gylfin Groes pan oedd ei cynefin, hen gonwydd, yn llawer prinnach na heddiw. Yn yr oes hon bydd unrhyw ryfeddod prin wedi ei weld gan rywun arall ac wedi profi ei fodolaeth y tu hwnt i bob amheuaeth, a bydd adroddiad yn y papur. Os bydd y rhyfeddod yn deilwng o'r '*birdline*' daw cannoedd ambell waith i gadarnhau'r honiadau.

WIL JONES

Noson braf yn nechrau'r haf, yr awyr yn goch a channoedd o Wenoliaid Duon yn gwibio'n ôl a blaen yn uchel yn yr awyr gan alw ar ei gilydd. Rhegen yr Ŷd i'w chlywed yn galw o'r rhan fwyaf o'r caeau gwair, a Thylluanod Bach yn nythu ar lethrau Cae Canol yn ogystal â Chornchwiglod lawer yn nythu yn y gors gerllaw; y Cigydd Cefngoch yn dal o gwmpas, Ehedydd y Coed yn nythu yn Nyffryn Maentwrog a Gwiwerod Coch yng nghoedydd Cwmbowydd a Chymerau. Dyma'r cof sydd gen i o'r amser y dechreuodd Ted a minnau wylio bywyd gwyllt, yn enwedig adar, dros drigain mlynedd yn ôl.

Roedd llawer o ddiddordebau eraill gennym hefyd, ac un ffefryn, os oedd y tywydd yn braf a'r dŵr yn isel, oedd pysgota dwylo mewn nentydd bychain. Byddem wrthi am oriau ambell ddydd Sadwrn, a'r Glas y Dorlan yn gwibio i fyny ac i lawr y nant, gan gadw llygad arnom. Yr adeg honno nid oedd sôn am fawr o lyfrau adnabod adar ac nid oedd y rhai a oedd ar gael yn fawr o werth i ni. Felly roedd yr hen gardiau sigaréts a lluniau adar arnynt yn werthfawr iawn. Cofiaf mor anodd oedd adnabod y gwahanol Deloriaid am eu bod i gyd mor debyg i'w gilydd, ond bu inni lwyddo yn y diwedd. Bu llawer iawn o grwydro am flynyddoedd lawer yn chwilio am wahanol adar a darganfod ambell un prin iawn.

Yn gynnar yn y pumdegau penderfynodd Ted ddechrau tynnu lluniau adar. Cefais y fraint o fod gyda fo yn tynnu'r llun cyntaf. Brych y Coed yn bwydo'i gywion oedd o, a chofiaf ei bod yn ddiwrnod reit oer yn nechrau'r gwanwyn. Defnyddiai *field camera* henffasiwn a *film adaptor* ynddo yn lle defnyddio platiau gwydr. Bu hwn ganddo am rai blynyddoedd ac oedd yn cael hwyl eithriadol o dda hefo fo.

Byddai'n gwneud cuddfan fechan o sachau dros ffrâm o goed, ac wedyn ei gosod yn weddol bell o'r nyth y bwriadai dynnu llun ohono, wedyn ei symud dipyn yn nes bob dau neu dri diwrnod nes bod yr adar yn hollol gartrefol gyda'r peth. Byddem ni'n dau yn mynd iddi, ac yna byddwn i'n gadael, a byddai'r adar yn meddwl bod y guddfan yn wag ac yn cario 'mlaen i fwydo'u cywion. Roedd Ted bob amser yn eithriadol ofalus nad oedd o'n styrbio'r un aderyn, ac os na fyddai'n teimlo eu bod yn hollol gartrefol byddai'n gadael ac yn dychwelyd y diwrnod canlynol.

Byddai ambell beth reit ddigri yn digwydd weithiau. Lawr yn nyffryn Maentwrog roedd Ted yn tynnu llun Telor yr Hesg. Wedi i ni gyrraedd y guddfan a gosod y gêr, cerddais oddi yno fel yr arfer. Gofynnodd Ted i mi roi tua dwy awr iddo ac mi es innau'n hamddenol drwy'r cae ac i lawr yr afon i edrych am Las y Dorlan a oedd yn nythu heb fod ymhell. Ymhen sbel dychwelais ac eistedd ar y clawdd gerllaw y man lle roedd Ted yn tynnu lluniau. Sylwais ar griw o wartheg yn pori, ac wrth iddynt fynd heibio'r guddfan edrychais ar fy wats i weld faint rhagor o amser i'w roi iddo. Arhosais am ryw ddeng munud arall a dychwelais yn f'ôl at Ted. Roedd wrthi'n brysur yn pacio'i offer ac yn chwerthin yn braf. 'Wyddost ti be?' gofynnodd. 'Pan oeddwn newydd orffen tynnu'r lluniau clywais sŵn chwythu a thuchan tu allan i'r guddfan, a phan edrychais allan roedd andros o darw mawr yn edrych i fyw fy llygaid. Mi es yn oer drosof, ond dyma'r hen darw yn gostwng ei ben ac yn ailddechra pori'n hamddenol.'

Dro arall roedd Ted wedi codi cuddfan wrth nyth Tylluan Frech a dyma'r ddau ohonom yno mewn digon o bryd i roi'r gêr hefo'i gilydd cyn iddi ddechrau tywyllu. Roedd hi'n noswaith reit gynnes a'r awel yn ysgafn, ac wrth i ni ymlwybro drwy'r coed dyma'r arogl bacwn bendigedig 'ma yn dod i'n ffroenau ni. Wrth inni fynd ymlaen aeth yr ogla'n gryfach a thynnais sylw at y peth. Tybiodd Ted mai rhyw hen gardotyn oedd wrthi'n ffrio'i swper gerllaw a chytunais. Wedi i ni gyrraedd y guddfan sylweddolom mai honno oedd tarddiad yr arogl. Gan siopwr o'r Blaenau yr oeddwn wedi cael y sachau i wneud y guddfan, a'r rheini'n amlwg wedi cael eu defnyddio i gludo cig moch!

KEN DANIELS

"Gan fod Gwynedd yn sir mor fynyddig, mae'n frith o ddyffrynnoedd, a cheunentydd coediog, a rhydd yr hinsawdd arfordirol llaith naws arbennig i nifer o'r coedwigoedd. Yn aml ar ffiniau ucha'r coedydd, bydd adar y coed yn cymysgu ag adar y ffriddoedd a'r rhosydd."

Ted ar y Cob yn edrych dros Forfa Glaslyn:
    Gwelir tatws lle bu cocos,
    Yn lle morloi gwelir merlod.

Gwefr fwyaf ffotograffiaeth natur i mi yw syllu drwy'r lens a thynnu'r llun; ac yn ail daw'r swyn o brintio'r negydd llwyddiannus. Ar ôl yr holl flynyddoedd, ni phallodd y wyrth o ganfod llun yn 'tyfu' ar dudalen bapur wen, mewn dysgl o gemegau. Difethais gannoedd o brintiau dros y blynyddoedd drwy gael fy swyno'n llwyr gan y llun, ac anghofio ei gipio o'r hylif gwyrthiol oedd yn ei dywyllu'n raddol.

Adar y Coed

Credai'r hen deidiau fod y Tingoch yn troi'n Robin Goch yn y gaeaf.

Aderyn bach du a gwyn hoffus iawn yw'r Gwybedog Brith, a choed derw Cymru yn brif gynefin iddo ym Mhrydain. Mae'n barod iawn i fabwysiadu blwch nythu yn gartre os nad oes twll cyfleus mewn coeden.

Dychmygwch lygoden yn dringo boncyff coeden, ac fe gewch syniad o'r Dringwr Bach yn hela'i damaid. Gall ei big fain hirgam gyrraedd pryfed a chopynnod sy'n llechu ymhell yng nghilfachau'r pren ac o gyrraedd teulu'r Titw.

TED: DYN YR ADAR

Hyd yn hyn fe lwyddodd pob argraffwr i osod darlun a anfonwyd gennyf o Delor y Cnau â'i ben i lawr. Ond chwarae teg, pwy ddychmygai y gallai aderyn bach sefyll a dringo rhisgl coeden gan fynd un ai i fyny neu i lawr wysg ei big, gorchest tu hwnt i allu'r cnocellod!

Nid gwaith hawdd yw darganfod nyth Telor y Coed gan fod cymaint o dyfiant yn glòs dros y fynedfa. Mae ei gân yn arbennig iawn, yn cychwyn yn araf ac yna'n cyflymu, yn union fel darn arian yn troelli ar wydr.

Ni welais erioed aderyn sy'n dibynnu mor llwyr ar ei guddliw â'r Cyffylog. Pan fydd rhywun yn dod yn agos ato bydd yn glynu ar ei nyth, nes bydd wedi cael ei sathru bron!

20

Daeth y Llinos Bengoch yn llawer mwy niferus yng Nghymru wrth i blanhigfeydd conwydd amlhau.

Y Bwncath yw'r mwyaf o'i deulu yng Nghymru. Gwelais un yn codi i'r awyr a neidr braff yn gwingo yn ei grafangau.

Llofrudd ar y lôn. Yn ystod y gaeaf bydd cynrychiolaeth gref o gôr y wig ym mrigau'r coed, a lle bynnag bo'r adar mân yn niferus, gwelir yno hefyd y Gwalch Glas yn hela.

Adar y Gerddi a'r Llwyni

Coch y Berllan yw'r unig aderyn na fyddaf yn rhy hapus o'i weld yn yr ardd. Er ei fod mor lliwgar a hardd, bydd yn bwyta blagur fy mlodau.

Rwy'n siŵr eich bod o dro i dro wedi edmygu'r Robin yn clwydo ar frigyn yn eich gardd, a'i gân felys yn diolch am y briwsion a roesoch iddo? Ofnaf nad dyna'r dehongliad cywir o'i ymddygiad – eisiau cyhoeddi y mae mai ef yw'r unig frenin yn yr ardd a'i fod yn herio unrhyw Robin arall rhag tresmasu ar ei eiddo.

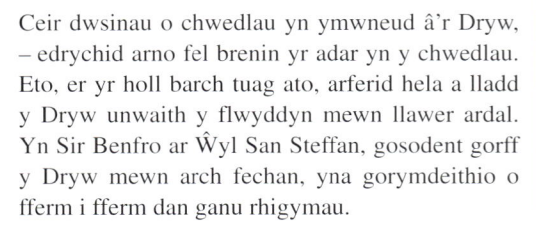

Ceir dwsinau o chwedlau yn ymwneud â'r Dryw, – edrychid arno fel brenin yr adar yn y chwedlau. Eto, er yr holl barch tuag ato, arferid hela a lladd y Dryw unwaith y flwyddyn mewn llawer ardal. Yn Sir Benfro ar Ŵyl San Steffan, gosodent gorff y Dryw mewn arch fechan, yna gorymdeithio o fferm i fferm dan ganu rhigymau.

Yr unig nyth imi ei weld gyda gwres canolog iddo oedd un y Gwybedog Mannog yng ngwaith ffrwydron Cooks, Penrhyn. Roedd pibell tua 6 modfedd ar ei thraws wedi ei lapio mewn asbestos rhwng dau adeilad, ac ar y silff simsan yma gwelais y nyth a phum ŵy ynddo.

Adar yn meddwi? Mae amryw o lwyni *Berberis darwinii* yn ein gardd, ac yn sioe o flodau'n flynyddol cyn datblygu'r aeron du-las hardd. Bydd yr adar, y Mwyeilch yn arbennig, yn eu llowcio. Ond bydd yr holl aeron maent yn eu llyncu yn eplesu yn eu stumogau, a byddant yn rowlio o gwmpas llwybrau'r ardd! Mae yna berygl mawr yn hyn, nid ydynt yn ddiogel i hedfan, ac mae tuedd iddynt daro yn erbyn ei gilydd neu fynd i wrthdrawiad â ffenestri.

Llwyd y Gwrych yn bwydo cyw Cog. Tlodi oedd yn eich wynebu o glywed Cog gynta'r tymor a'ch poced yn wag. Credid hefyd mai beth bynnag roeddech yn ei wneud pan glywech y Gog gyntaf, dyna fyddai eich gwaith am y gweddill o'r flwyddyn. Soniais am hynny wrth ddosbarth o blant, a chododd un bachgen ei law'n betrusgar, 'Syr, Syr, roedd 'y nhad yn y tŷ bach pan glywodd o'r Gog gynta 'leni!'

Adar Llefydd Poblog

Wrth deithio'n araf ar gornel Pont Croesor, a'r car ar ei arafa, neidiodd Siglen Fraith ar fonet y car, pigo pryfed oddi ar y weipars, ac yna rhoi curfa iawn i'w llun ei hun yn y drych!

Cof gennyf archwilio nyth Jac y Do yn nho hen gapel yn 'Stiniog. O ran ei siâp nid oedd yn annhebyg i *Weetabix* enfawr, 4 troedfedd o uchder, 8 troedfedd o hyd, a 4 troedfedd o led. Nid oedd yn bosibl rhestru'r cwbl o'r defnyddiau nythu, ond roedd papurau newydd, darnau o blastig a phacedi sigarét yn amlwg iawn ynddo.

Mam ydi mam. Un o'r mabwysiadau doniolaf a welais erioed oedd iâr yn gori ac yn gofalu am gi bychan ar fferm yn Nyffryn Maentwrog. Angen y ci bach, pan grwydrai'r ast, oedd cynhesrwydd, a greddf yr iâr oedd gori ar unrhyw beth byw oedd yn agos ati. Golygfa ddoniol oedd canfod yr iâr ar ei nyth a phen y ci bychan yn glòs o dan ei hadain. Doniolach fyth oedd y sefyllfa pan dyfodd y ci yn fwy na'i 'fam', a hithau druan yn cael trafferth i ledu ei hadain drosto.

Adar y Rhostir

Cwtiad Aur ar ei nyth. Ar ei daith ymfudo bydd yn teithio 2,400 milltir yn ddi-dor am ddau ddiwrnod, a hynny ar ddwy owns o saim wedi ei storio yn ei gorff.

Yn yr hen amser pan oedd bri ar heboga, mi roedd yn bosib gwybod statws dyn yn y gymdeithas drwy sylwi ar ba fath o gudyll yr oedd yn ei gario. Hebog yr Arglwyddesau oedd y Gwalch Bach am ei fod mor ysgafn a del – i'r dim i eistedd ar arddwrn merch.

Cyn i fagu Grugieir a Ffesantod ddod yn hobi ffasiynol i'r cefnog, cyn gwenwyno'r amgylchfyd, a phan oedd tipyn mwy o diroedd corslyd a gwyllt yng Nghymru, roedd y Bod Tinwen yn aderyn llawer mwy cyffredin.

TED: DYN YR ADAR

Un o'r prif wobrau i mi, ar ôl troedio'r mawnogydd am oriau, ydy canfod nythaid o gywion Bod Tinwen yn gwgu arnaf o gysgod y grug.

Cudyll Coch ar y Ranges, Trawsfynydd. Yma y byddai'r fyddin yn ymarfer, a nhw sydd wedi rhidyllu, â'u bwledi, y darn haearn a ddefnyddia'r cudyll fel clwydfan.

Adar y Mynydd

Arwydd pendant o wanwyn ydy canfod Tinwen y Garn yn chwarae mig ar frig clawdd mynydd.

Cigfran ar ffens y mynydd. Mae yna amryw o ofergoelion yn gysylltiedig â llygad Brân neu Gigfran – pam, wn i ddim. Yma yng Nghymru, mi roedd yna un goel: os byddai deillion yn garedig wrth y Gigfran, mi fyddent yn siŵr o ddysgu'r gyfrinach sut i gael eu golwg yn ôl.

Ni welais erioed gywion mor swrth a bodlon â chywion y Barcud Coch, a gwaith hawdd oedd eu gollwng i lawr mewn cwdyn o'r nyth ar goeden uchel, er mwyn i'r dynion oedd â thrwydded arbennig allu eu pwyso, eu mesur a'u modrwyo. Difyr oedd cofnodi bod esgyrn pysgod ar ymylon y nyth.

Dywedodd cyfaill o 'Stiniog wrthyf fod yr aderyn hwn (yr Hebog Tramor) yn ymosod yn aml ar golomennod yr ardal. 'Wyddost ti,' medda fo, 'roedd gan y colomennod gymaint o ofn, roedden nhw'n *cerdded* adra!

Adar y Gwlyptir

Cyfeiria'r enw Aderyn y Bwn at y sŵn rhyfedd sy'n cael ei gynhyrchu gan yr aderyn hwn yn ystod tymor nythu. Nid yw'n sŵn uchel, ond soniodd un adarydd ei fod i'w glywed gymaint â thair milltir i ffwrdd ar dywydd tawel llonydd.

Y Troellwr Bach oedd yr aderyn anwylaf i mi dynnu ei lun erioed. Dringodd i fyny ochr y guddfan (a llond ei big o lindys i'w gywion) a sbecian i mewn trwy'r twll arnaf. Wedyn lawr â fo a throi o gwmpas fy nhraed yn y guddfan, cyn dychwelyd at ei gywion llwglyd, yn amlwg heb ei boeni gan fy mhresenoldeb!

Cornchwiglen yn oerni'r gaeaf. Mae'n amlwg bod yr aderyn hwn yn gyffredin iawn yn y 1960au gan fod cynifer o gwestiynau amdano yn cael eu hanfon at Banel *Byd Natur* yr adeg honno.

Pibydd y Dorlan ger ei nyth. Adroddodd Ken Daniels, yr hen gyfaill o fore oes, brofiad a gafodd gyda'r aderyn arbennig hwn. Roedd yn pysgota pan sylwodd ar gyw heglog Pibydd y Dorlan yn swatio yn y brwyn ger ei droed. Plygodd i lawr a chodi'r cyw yn ei ddwylaw, a dyma'r iâr yn rhuthro ato'n ffwdanus, gan lusgo heibio ei draed, ac yn smalio fod ei choes a'i hadain wedi torri! Gosododd Ken y cyw ar lawr, gan ei gysgodi o dan ei law, er mwyn cael gweld pa mor wrol oedd yr iâr. Ymhen eiliadau, roedd y fam yno, ac yn ceisio cuddio'r cyw – a llaw Ken – o dan ei phlu!

Pennod 2

TYLLUANOD

Weithiau roedd ei ddawn a'i ddyfalbarhad yn talu ar ei ganfed gan ganiatáu iddo fynd heibio a thu hwnt i'r portread, a rhoi i ni lun cwbl unigryw megis hwnnw o dylluan wen fel petai yn ymosod ar y camera ac yn arswydus lenwi'r ffrâm. Welais i erioed mo'i debyg.

Wn i ddim ai i Ted y dylwn ddiolch am fy niddordeb innau yn y creadur hwn ond yn sicr fe dyfodd fy niddordeb yn sgil ei ddiddordeb yntau. Er i ni fynd ar sawl taith gyda'n gilydd, ac efo Joan Addyman a Chlwb Adar Talsarnau, y Dylluan Wen âi â'n bryd yn amlach na pheidio. Y dylluan a'n cyflwynodd i sawl llecyn hyfryd, a sawl cymeriad o ffermwr ym Morfa Harlech, neu Forfa Talsarnau, neu yng Nghwm Prysor.

Âi pethau o chwith weithiau. Roedden ni'n ceisio bob amser i sicrhau caniatâd i fynd ar bob rhyw dir, ac i bob rhyw feudy neu dŷ gwair. Unwaith, ac yntau'n sefyll y tu allan, minnau'n sleifio i mewn, ni'n dau yn dyheu am gip o'r ysbryd gwyn yn fflachio drwy'r twll yn y to, be gawsom yn hytrach ond llais blin y ffermwr nad oedden ni, trwy gamddealltwriaeth, wedi sicrhau ei ganiatâd o gwbl. Diolch i eiriau melaidd Ted, a'i ddiffuantrwydd amlwg, fe gawsom yr wybodaeth angenrheidiol am y nyth, ond ar gost gorfod araf adfer ein henw da yng ngolwg yr hen fachgen!

Ond yn fwyaf oll fe ddysgais ganddo nad bwrn oedd y broses o ymofyn caniatâd, na threulio hanner awr gyda hen fachgen o ffermwr yn rhoi'r byd – a'r dylluan – yn ei le. Roedd yn gyfle yn hytrach i rannu ac i addysgu, a chael eich dysgu. Ac er na fyddai Ted fyth yn cytuno â mi, nid nod oedd adar iddo, ond cyfrwng i fynegi gwerthoedd gwâr ei fro a'i bobl.

Duncan Brown

Tylluanod gwynion fu ein hymdrech ffotograffig anoddaf. Un noson ym mis Gorffennaf 1968, bum mlynedd ar ôl fy ymweliad cyntaf â Bronant, fe ganodd y ffôn yng nghartref fy rhieni yn Rhiwabon. 'John, mae gen i nyth tylluan wen ar Benrhyn Llŷn. Oes gen ti ddiddordeb?' Fe wyddai Ted yr ateb.

Roedd y guddfan eisoes yn ei lle ac wedi'i phrofi. (Deallais yn ddiweddarach, ar ôl dychwelyd yn oriau mân y bore o'i sesiwn ffotograffig gyntaf gyda'r tylluanod, ei fod wedi mynd yn syth i'w ystafell dywyll er mwyn llwytho, prosesu ac edrych yn fanwl ar un ffilm cyn noswylio.)

Drannoeth, cyn inni adael Bronant am Benrhyn Llŷn, aeth Ted ati i wneud archwiliad manwl o bob eitem o gyfarpar ffotograffig. Yna, ar y ffordd, ar ôl rhoi disgrifiad cryno o'r adfail lle roedd y nyth, fe roddodd eglurhad manwl o'r hyn y byddem yn ei weld.

'Mae'n debygol y bydd yna ymweliad cynnar pan na fyddan nhw'n bwydo. Paid â chynhyrfu. Dim ond sicrhau bod popeth yn iawn y maen nhw. Fe fydd sŵn y gwenoliaid yn dy rybuddio fod y tylluanod yn yr ardal. Yna fe glywi di sŵn crafu tawel wrth iddyn nhw lanio ar y to uwchben. Cofia rŵan. Aros nes bydd y bwyd wedi cael ei roi i'r cywion. Unwaith y bydd yr adar wedi troi a wynebu'r guddfan, tynna'r llun!'

Roedd platfform y guddfan y tu mewn i'r bwthyn yn enghraifft wych o adeiladwaith dros dro, a oedd yn cynnwys rhai estyll a phriciau toi, unig ddistyn diogel y to a dwy ysgol uchel yn pwyso yn erbyn gweddill partisiwn yr atig. Ugain troedfedd i fyny a phedair llathen o'r guddfan â'i llenni hesian, roedd pedair tylluan fach yn swatio yn rhan uchaf un y simnai.

'Reit 'ta, was. Fe fyddai'n well i mi osod y fflachiadau. A chofia, unwaith y byddi yn y guddfan, paid â phwyso ar unrhyw beth. Rwyt ti ymhell iawn o'r llawr.'

Erbyn hanner awr wedi deg, pan ddaeth Ted yn ei ôl, roeddwn wedi tynnu chwe llun o'r tylluanod, yn cadw'n fanwl at y drefn a ddisgrifiwyd i mi yn y car, gan gadarnhau gwaith paratoi gofalus nodweddiadol Ted.

JOHN LAWTON ROBERTS

Fe wyddwn am ddiddordeb Ted mewn tylluanod. Y mae gennyf innau ddiddordeb ynddynt hefyd, er y dyddiau hynny pan oeddwn i'n ddisgybl-naturiaethwr i Ted ac imi brynu llyfr o luniau tylluanod gan Eric Hosking, gŵr a gollodd un llygad wrth i dylluan ymosod arno ac yntau'n tynnu ei llun. Gartref yr oedd gan Ted nifer o ffigurau bychain o dylluanod yr oedd wedi eu codi o wahanol leoedd ar draws y byd. Fel y mae'n digwydd, y mae gennyf innau gasgliad o ffigurau o dylluanod yr ydw i wedi eu hel dros y blynyddoedd. Y mae yna ryw hen gyfaredd mewn tylluanod. I mi y mae gan eu hen hanes ym mytholeg y Cymry a'r Celtiaid apêl arbennig – onid yng Nghynfal, dros y gefnen o Lan Ffestiniog, y dywed ein Mabinogi fod Gwydion wedi troi Blodeuwedd yn dylluan? Y mae'n amlwg fod Ted yn ymateb yn yr un ffordd achos pan oedd o'n athro yn ysgol Manod yr oedd wedi creu lluniau'n adrodd hanes Gwydion a Lleu a Blodeuwedd a'u gosod ar sleidiau. Fe fyddwn yn meddwl hefyd mai ymateb i bwerau rhyfedd y dychymyg a greodd chwedlau fel y Mabinogi yr oedd Ted wrth iddo sôn am fynd i hen ysguboriau yn y nos i dynnu lluniau tylluanod oedd yn nythu yno, a dweud, ''Sti be, rydw i'n gwybod o'r gorau eu bod nhw am wneud sŵn gwir frawychus, ond bob tro y clywa i o mae yna ryw ias yn mynd i lawr asgwrn fy nghefn i.'

Bob tro y clywaf innau dylluan neu weld un rŵan, y mae Ted, y gŵr addfwynaf hwn a oedd yn naturiaethwr a ffotograffydd o athrylith, rywsut yn hedfan o'r gwyll i'm meddwl i, efô a'r hen, hen Flodeuwedd.

GWYN THOMAS

Tylluanod, yn sicr, oedd hoff adar Ted, a threuliodd oriau lawer ar adegau eithaf 'anghymdeithasol' yn tynnu eu lluniau. Ond pan briododd ag Anwen rhoddodd y gorau i 'adar y nos'.

Mae yna brawf bod Tylluan Frech yn gallu pysgota. Torrodd coedwigwr hen geubren oedd yn eitha agos at lyn neu afon, a sylwodd fod yna nyth wedi syrthio a phedwar cyw ifanc ynddo. Gwnaeth y coedwigwr nyth mewn gwifren rwyd i'r cywion a byddai'n ceisio cael llygod iddynt yn ystod y dydd, ond roedd yr hen adar yn eu bwydo yn y nos, ac nid anarferol oedd gweld gweddillion pysgod ger y 'nyth'. Mae'n rhaid fod y tylluanod yn hedfan yn isel ac yn cipio'r pysgod pan oeddent yn dod yn agos at wyneb y dŵr.

Yr unig aderyn sy gynna i ofn ohono os bydda i allan yn tynnu lluniau adar efo'r camera, ydy'r Dylluan Frech. Dim ond yn y tymor nythu, Mawrth i Fehefin, y mae'n ymosodol, ac am weddill y flwyddyn mae'n ddiniwed. Tynnodd crafangau hon waed o'm corun droeon liw nos.

Pan oedd pla o lygod yn fy ngardd, ac yn achosi tipyn o ddifrod, gosodais hanner dwsin o drapiau i'w dal. Roedd y trapiau wedi diflannu'r diwrnod canlynol a minnau'n methu dirnad beth oedd wedi digwydd. Gosodais ychwaneg o drapiau, a bûm yn ffodus o ddal y lleidr liw dydd golau. 'Annwyl', cyw Tylluan Frech amddifad a fagwyd gan Joan Addyman, cymdoges annwyl iawn, oedd wedi gweld ei gyfle i gael bwyd yn ddiymdrech, ac wrth gwrs fe ruthrais innau am y camera!

Aderyn dŵad ydy'r Dylluan Fach, ac ym 1916 y cofnodwyd hi gyntaf yng Nghymru, a hynny yn Sir Forgannwg – wedyn fe'i cofnodwyd yn nythu yn Nhrawsfynydd ac Aberdyfi ym 1925. Nid oes dim yn ymosodol ynddi a dianc o'm ffordd a wna bob tro. Pryfed yw ei phrif gynhaliaeth ac mae'n dra bendithiol i fywyd cefn gwlad.

Cefais y Dylluan Fach yn nythu droeon mewn tyllau yn y coed, ac weithiau mewn twll rhwng gwreiddiau praff coeden wedi gwreiddio mewn clawdd pridd.

TED: DYN YR ADAR

Yn syth o'r ysgol i chwilota'r Migneint am y Dylluan Glustiog. Dilynais afon Taihirion a chododd un dylluan o'r brwyn. Bu'n gwyrdroi o gwmpas fy mhen ac yna disgyn a sefyll yn y brwyn ryw 10 llath oddi wrthyf. Yna cododd a sefyll ar graig fechan a godai o'r mynydd-dir. Ni chefais y nyth.

Bydd y Dylluan Glustiog yn hela'n gyffredin liw dydd golau yn ogystal ag yn y tywyllwch. Ar ei hediad, bydd yr adenydd yn ymddangos yn hir a main.

Tylluan Glustiog yn mwynhau llygoden!

TYLLUANOD

Nid gwaith hawdd oedd tynnu llun cyw y Dylluan Glustiog. Roeddwn ar fy nghwrcwd o flaen y nyth, yn plygu uwchben y camera i dynnu llun, pan gefais ergyd sydyn ar y clwt moel ar fy nghorun a barodd i mi ddisgyn wysg fy ochr i'r gors! Ymosododd yr adar droeon bob tro y plygwn dros y nyth, ond llwyddais i arbed fy moelni trwy ddal ffon yn syth a llonydd uwch fy mhen, a thanio'r camera efo'm llaw dde.

Aderyn cudd a distaw yw'r Dylluan Gorniog. Mae'n swatio liw dydd yn nhywyllwch coedwigoedd a llwyni trwchus, ac yn bodloni ar hela yn y tywyllwch. Gall fod yn nythu mewn bro heb i adaryddion lleol wybod dim am ei bodolaeth. Hon yw'r unig dylluan sy'n hela ar noson dywyll fel y fagddu.

Mae'r Dylluan Wen yn 'gweld' yn well efo'i chlustiau nag y medrwn ni efo'n llygaid liw dydd golau. Gwnaed arbrawf – rhoi Tylluan Wen ar glwyd mewn sgubor dywyll a'r llawr yn llawn o ddail crin, sych. Gollwng llygoden i ganol y dail, y dylluan yn codi, hedfan, ac yn disgyn yn syth arni.

Wrth wylio mewn hen adeilad yn y nos, clywn sŵn crafu traed adar, o dro i dro, yn glanio ennyd ar frig y to uwch fy mhen. Ond pan laniai tylluan ar y grib, byddai'r cywion yn gwybod hynny i'r dim ac yn bywiogi'n sydyn gan alw'n swnllyd am damaid. Onid yw'n rhyfeddol eu bod yn gallu gwahaniaethu rhwng traed eu rhieni ar y llechi a chrafiad traed yr adar eraill (piod, brain a.y.b.) sy'n glanio ar y to yn y gwyll!

Treuliais nosweithiau lawer yng nghwmni'r Dylluan Wen a'i theulu. Wedi hela am rai oriau, arferai'r adar orffwys, un yn sefyll ar silff wrth ochr y nyth, a'i chymar yn clwydo yn rhywle ar y to. Yna cychwynnai'r ddeuawd aflafar, y ddwy dylluan yn galw ac yn ateb ei gilydd, eu sgrechiadau'n atsain fel opera annaearol rhwng muriau'r hen ffermdy.

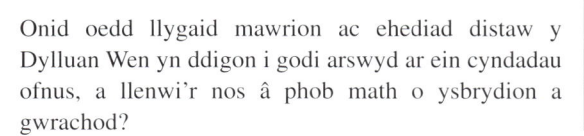

Onid oedd llygaid mawrion ac ehediad distaw y Dylluan Wen yn ddigon i godi arswyd ar ein cyndadau ofnus, a llenwi'r nos â phob math o ysbrydion a gwrachod?

Pennod 3

Brain Coesgoch

Roeddwn i'n bymtheg oed yn dod ar draws yr enw E. V. Breeze Jones am y tro cyntaf. Gweld cyfres o luniau o frain coesgoch yn bwydo eu cywion mewn chwarel wnes i, yn y cylchgrawn *British Birds*. Fe'm trawyd gan y safon. Pwy oedd y dyn hwn, y 'Jones' yma o'r un ardal â mi nad oeddwn yn ei adnabod ond a oedd eto'n cyhoeddi ei waith mewn cylchgrawn yr oedd gennyf gymaint o'i barchus ofn?

Ni chwrddais i mohono, na 'chwaith weld ei waith wedyn, nes i mi ddod i fyw i Sir Feirionnydd ym 1976. Erbyn hynny, athro a pharchus ddarlledwr ar y rhaglen *Byd Natur* ydoedd, ac yn y blynyddoedd a ddilynodd deuthum i'w adnabod yn raddol. Erbyn hynny hefyd, haws oedd i mi ei ddychmygu yn mwynhau sgwrs a pheint o flaen tanllwyth o dân yn y *Ring* neu'r *Grapes* yn hytrach nag eistedd mewn cuddfan wedi ei gosod ar ffrâm o sgaffaldiau simsan yn ceisio llun arall eto fyth o gywion aflonydd y frân, neu'r dylluan, neu'r crëyr. Felly y deuthum i sylweddoli cymaint mwy oedd camp y dyn hwn na thynnu lluniau adar a'u cyhoeddi mewn cylchgronau arbenigol.

Duncan Brown

Ar y pryd, yr aderyn mwyaf gwyllt ac amhosibl ei weld o'r holl adar oedd y frân goesgoch, ac roedd Ted wedi llwyddo i dynnu llun ohoni yn ei nyth, mewn ceudwll llechi anferth yng nghrombil Manod Bach. Mewn erthygl o'i eiddo yn *The Country Life*, Mai 1959, darllenais sut yr aeth ati i osod dau far haearn mewn tyllau a wnaethpwyd gan chwarelwr mewn craig yn rhan uchaf wal y ceudwll. Roedd platfform pren wedi'i strapio ar y barrau hyn er mwyn cuddio'r guddfan. Yn bennaf oll, yr erthygl hon a greodd ynof yr awydd i eistedd mewn cuddfan o fewn troedfeddi i frain coesgoch, cigfrain a boncathod ar eu nythod, a thynnu lluniau mor ddramatig â'r rhai a welais yn ei gartref ym Mronant.

John Lawton Roberts

Roedd y paratoadau i dynnu lluniau'r Frân Goesgoch ar y graig yn y chwarel yn anodd a pheryglus, a dyna'r tro cyntaf i mi ddefnyddio rhaffau i ddringo creigiau. Gan fod yr adar mor brin, ac mai ychydig iawn o naturiaethwyr oedd wedi cael y fraint a'r cyfle i astudio, heb sôn am dynnu lluniau o'r Frân Goesgoch, roedd yn werth mynd i drafferth helaeth i sicrhau lluniau llwyddiannus.

Emyr Roberts

Roedd Ted yn berffeithydd a chanddo hir amynedd. Gwelais hyn orau pan oedd am dynnu llun y Frân Goesgoch wrth ei nyth, mewn ogof yn Nrws-y-coed. Cario ysgolion o Feddgelert, i'w gosod dros yr agen oedd yng ngheg yr hen fwynglawdd, yna ymgripio ar draws yr ysgol yn ofalus, ond y fflachlamp yn llithro a ninnau'n gweld y golau'n powlio i lawr ac i lawr i'r gwagle. Rhaid oedd cario ymlaen ac adeiladu'r guddfan a threuliodd yntau ddyddiau wedyn yn cael y lluniau, gyda'r gorau a dynnwyd o'r aderyn hwn erioed.

John Eric Williams

TED: DYN YR ADAR

Roedd y Frân Goesgoch brin yn un arall o ffefrynnau Ted ac fe'i magwyd yn sŵn eu cri ymdreiddgar. Cawsai luniau ohonynt yn nythu, mewn llefydd peryglus iawn ar adegau, yn rhai o agorydd tanddaearol chwareli 'Stiniog, neu ambell fwynfa gopor yn Eryri.

Anaml y llwyddwyd i dynnu lluniau'r Frân Goesgoch ger ei nyth gan fod y llecynnau mor anodd i'w cyrraedd, ond cawsom nyth hwylus rai blynyddoedd yn ôl ar silff, metr o led, ym mhen clogwyn serth 25 metr o uchder mewn ogof anferth. Codais y guddfan o goed a sachau yn ystod y gaeaf, gan fod yr adar yn defnyddio'r un safle nythu am lawer o flynyddoedd. Rhaid oedd cael dwy ysgol fawr wedi eu clymu wrth ei gilydd i gyrraedd y silff nythu.

Goleuni yn un o'r agorydd. Difyrrwch Owen Jones, cymydog imi yn y Blaenau, oedd pysgota a hela. Cefais fynd efo fo droeon mewn cwch ar y llyn yng Nghwm Orthin, a'u prynhawn trymaidd, pan hedfanodd haid fechan o frain dros y llyn, a'u galwadau'n feinach na chrawciadau brain cyffredin, tynnodd O.J. fy sylw atynt, gan ddweud fod ganddynt bigau a choesau cochion.

Gwaith O.J. oedd gof yr efail yn chwarel y Rhosydd, a dywedodd wrthyf nad oedd neb yn ei goelio pan ddywedodd am yr adar arbennig hyn, a chafodd ei wawdio'n ddyddiol! Cafodd y gof ddigon ar hyn, cododd awr yn gynharach na'r corn chwarel, ac aeth â'i ddryll 'twelve bore' gydag ef i'r gwaith. Cofier nad oedd fawr o sôn am gadwraeth a gwarchodaeth bryd hynny. Heb drafferth saethodd bedair o'r Brain Coesgoch diniwed a chludo eu cyrff i'r chwarel i brofi ei bwynt. Ni fu gwatwar wedyn, ond druan o'r adar. Yr aflwydd ydy fod gweithredoedd yr un mor ysgeler yn cael eu cyflawni heddiw gan bobl a ddylai wybod yn well, yn yr oes oleuedig hon!

38

BRAIN COESGOCH

Un o hoff gynefinoedd nythu'r aderyn yw hen chwareli llechi neu weithfeydd copr.

Ambell dro cipiai chwarelwyr gywion y Goesgoch a mynd â hwy adref i'w magu. Cofiaf alw heibio aelwyd leol, lle roedd dwy Goesgoch a chi mwngrel yn rhannu cartref. Byddai'r adar yn herio'r ci yn ddidrugaredd ac yntau eu hofn drwy ei galon. Amser pryd bwyd byddai un frân yn neidio ar ei gefn a'i bigo, a'r ail frân yn llowcio bwyd y ci! Y rhyfeddod oedd bod y ddwy frân yn cymryd eu tro i fwydo a herio!

Brân Goesgoch ar gorn hen adeilad yn dangos ei thiriogaeth trwy 'sgytian ei hadenydd yn ei ffordd nodweddiadol.

Pennod 4

Adar y Dŵr

Roeddwn yn teithio i lawr i Gaerdydd yn y chwedegau, ar noson niwlog a gwlyb. Rhywle yn y Canolbarth, gwelais greadur yn gwingo ac ymlusgo yng nghanol y ffordd. Gwaith hawdd oedd cael gafael arno, a gwelais mai aderyn y dŵr ydoedd, sef Gwyach Bach, yn llwyr allan o'i gynefin. Tebygwn ei fod wedi taro'r gwifrau trydan uwchben y ffordd, ac wedi anafu ei adain. Hwyrach ei fod wedi camgymryd y ffordd wlyb am afon ddisglair, yn y tywyllwch. Gosodais ef yn ofalus ym mŵt y car, ac ymlaen â ni.

Cyrhaeddais y gwesty bychan, a merch o'r Alban oedd gwraig y tŷ. Wrth iddi f'arwain i'm hystafell, cofiais am yr aderyn yn y bŵt, a gofynnais iddi, '*Do you mind if I have a bird in my room?*' Delwodd ei hwyneb yn llym am rai eiliadau ac yna toddodd y wên ddeallus, '*Oh, you mean a wee small bird!*'

Gadewais y Gwyach dros nos yn y baddon, a hyfryd oedd ei wylio'n dowcio a throchi yn ei wir elfen. Drannoeth gollyngais ef mewn pwll tawel yn un o barciau'r ddinas, gan na welwn unrhyw nam arno.

TED (o *Clicio'r Camera*, 1987)

Pan ofynnodd Ted i mi, ym Mai 1983: 'Fuasat ti'n licio dŵad i roi help i mi gyfri gwylanod ar Lyn Traws wsnos nesa?' fe atebais yn gadarnhaol fel y gellwch ddychmygu! Cyfle gwych i fynd am drip mewn cwch i'r holl fân ynysoedd ar y llyn ac i wneud tipyn o adarydda go iawn, ond hefyd roedd yn gyfle bendigedig am dipyn o 'goleg'.

Welais i 'rioed athro cystal â Ted, a dyna oedd rhan o'r wefr o fod yn ei gwmni. Byrlymai wrth rannu ei brofiadau adaryddol – a dyna oedden nhw, profiadau personol, oedd yn ddifyr a dadlennol yr un pryd. Yn ychwanegol roedd ganddo storfa enfawr o straeon hynod am adar a chreaduriaid, gwyllt a dof, a glywsai gan wahanol bobol. Straeon gwerinol braf fyddai'r rhain fel arfer, yn ffrwyth sylwgarwch cywrain pobol gyffredin, wedi eu britho â llên gwerin, ac yn llawn rhyfeddod at fyd natur. Roedd Ted yn un da iawn am ddweud ei straeon, ac wrth ei fodd hefo pobol, yn enwedig os câi rannu a thrafod profiadau â hwy.

Cychwyn y cwch bach o'r lanfa ger Cae Adda, a'r modur yn rhygnu'n rhadlon. Minnau wrth y llyw yn dilyn cyfarwyddiadau'r Capten: 'Dos yn syth at fan'cw rŵan,' a'i fraich yn cyfeirio'n hyderus at ynys fechan yn y pellter.

Daliasom yn weddol agos at y glannau, gan lanio ar y naill ynysig ar ôl y llall, gan wneud yn sicr ein bod wedi tynnu'r cwch i fyny'n saff ar y graean cyn gwneud dim arall. Roedd gan Ted stori am ryw bysgotwr a esgeulusodd wneud hynny, gan adael i'r gwynt ddwyn y bad. Dyna rybudd buddiol, ac yn fodd i godi gwên ar yr un pryd!

Rhybudd arall ganddo oedd bod yn ofalus wrth gamu o'r cwch i'r lan. Gwelais werth y wers honno ryw flwyddyn neu ddwy yn ddiweddarach wrth ailymweld â'r ynysoedd, hefo'r hen foneddiges lew, Joan Addyman, yn ein cwmni. Wrth geisio camu o'r cwch cafodd Miss Addyman ei hun ag un troed ar garreg a'r llall yn dal yn y cwch – oedd yn brysur ymbellhau o'r lan! Sblash! Ar wastad ei chefn â hi, gan ddiflannu am eiliad dan y dyfroedd fel Bedyddwraig! Roeddem yn lwcus mai ar ddiwedd y dydd y digwyddodd hyn, a ninnau bron ar ben ein taith, fel y gellid ei chael i ddiddosrwydd yn weddol fuan.

Ymlaen â ni gan ymweld â'r dwsin o ynysoedd lle nythai gwylanod, a Ted yn cymharu â'r hyn a gofnododd mewn arolwg blaenorol 14 mlynedd ynghynt. Difyr oedd sylwi ar duedd y gwahanol rywogaethau i neilltuo i wahanol ynysoedd, neu i wahanol rannau o'r ynysoedd mwyaf. Ond doedd fawr neb am rannu hefo'r Gwylanod Cefnddu Mwyaf, ffyrnig, chwaith. Cawsom 1,129 pâr o Wylanod Penddu; 267 pâr o Wylanod Penwaig/Cefnddu Lleiaf; un pâr o'r Gefnddu Fwyaf ynghyd â thri nyth Hwyaden Frongoch, ac un Bioden Fôr. Doedd dim golwg o'r gwyddau Canada bryd hynny.

Wrth ddychwelyd, a ninnau ryw ganllath o'r lanfa, dyma'r peiriant, oedd eisoes wedi dechrau nogio, yn newid ei sain a mynd: 'RRRRRRRR-ffwd-ffwd-ffwd. Ffwd!' Roeddem wedi mynd yn sych o betrol! Wrth lwc roedd rhwyfau gennym i gyrraedd y lan yn ddiogel. Anghofia i fyth y wên lydan wrth i Ted godi ei fraich i gyfeirio at y lanfa a dweud, 'Doedd hynna ddim i fod i ddigwydd tan oeddan ni reit yn fan'cw!'

'Gwylanod Llyn Traws' gan TWM ELIAS

O'r adar dŵr sydd i'w gweld yn ardal Porthmadog a'r Cob, mae'n debyg mai'r haid o tua 40 o elyrch dof a ddeuai yma i fwrw'u plu dros yr haf, a'r gwyachod bychain yn y gaeaf, yw'r mwyaf adnabyddus. Daw hyd at 30 o wyachod bychain yma ambell aeaf – y nifer fwyaf yng Nghymru i ddod at ei gilydd i'r un lle.

Yn ystod haf 1993 penderfynodd Clwb Adar Glaslyn, oedd newydd ei ffurfio ar y pryd, y byddai'n dda cael mwy o wybodaeth am yr adar hyn, a phenderfynwyd ceisio dal rhai ohonynt i'w modrwyo. Byddai modrwywyr trwyddedig yn dod atom i wneud y gwaith hwnnw.

I ddal yr elyrch, y cynllun oedd eu denu i lanfa'r harbwr trwy eu bwydo yno'n ddyddiol am rai wythnosau, ac yna, ar y diwrnod penodedig, eu corlannu â rhwyd blastig ar gyfer eu modrwyo. Fe weithiodd pethau'n dda iawn, a llwyddwyd i ddal y cwbwl ond dau ohonynt.

Doedd hynny yn ddim ond dechrau ar yr hwyl, a oedd hefyd yn ddifyrrwch mawr i'r gynulleidfa enfawr o ymwelwyr a phobol leol oedd wedi dod yno i wylio! Roedd yr elyrch yn fwd drostynt, ac yn llithrig iawn i afael ynddynt. Roeddent hefyd yn dueddol i chwistrellu unrhyw un oedd yn eu codi hefo'u baw! Fel y gellwch ddychmygu, roedd llanast mawr ar bawb – heblaw Ted. Y fo, fel llywydd y Clwb, oedd yn gyfrifol am gadw cofnod ffotograffig o'r digwyddiad, ac fe lwyddodd yn rhyfeddol i recordio'r dal, y mwd, y baw adar a'r modrwyo, a chadw'n lân ar yr un pryd!

O ganlyniad i'r modrwyo rydym yn dal i dderbyn gwybodaeth am arferion a symudiadau'r elyrch hyd heddiw. Mae'n amlwg bod rhai yn dod yma o bellteroedd i fwrw'u plu – o Sir Gaer, a'r Trallwng, ac aeth un pâr oddi yma cyn belled â Chanolfan Adar Penclacwydd ger Llanelli lle bu iddynt aros a magu sawl teulu dros y blynyddoedd.

Ddechrau'r gaeaf yn yr un flwyddyn penderfynwyd ceisio dal a modrwyo rhai o'r gwyachod bychain. Roedd hyn yn dipyn mwy o broblem am eu bod yn llawer mwy swil, ac yn dueddol i blymio dan y dŵr cyn gynted ag y byddech yn edrych arnynt bron! Ond roedd yn bosib eu dallu yn y nos hefo lampau, a'u dal mewn rhwyd law. Roedd hynny wedi gweithio yn harbwr Aberystwyth, felly pam lai ym Mhorthmadog?

Felly, un noson oer a thywyll ym mis Tachwedd fe ddaeth criw ynghyd, a Ted eto i dynnu lluniau. Gyda llaw, roeddem wedi cysylltu â'r beili dŵr yn gynharach yn y dydd i esbonio ein bwriad – rhag inni gael ein harestio ar amheuaeth o geisio dal eogiaid!

Dechreuodd pawb gerdded trwy'r dŵr ar ymyl twll MacAlpine, yn araf, yn y tywyllwch, gan obeithio gyrru'r adar o fewn cyrraedd i'r rhwydi pan roddai'r lampwyr y golau ymlaen arnynt. Clywyd aml i reg wrth i'r dŵr oer lifo i Wellingtons ambell un, a syrthiodd rhywun i'r dŵr! Llwyddwyd i ddal dau wyach bach. Roedd Ted ymysg y rhai a gafodd socsan y noson arbennig honno!

KELVIN JONES

Un o hoff lefydd Ted oedd y Cob, Porthmadog, yn enwedig yn y gaeaf pan ddeuai'r hwyaid, y gwyddau a'r elyrch yno. Byddai'n hoff iawn o glogwyni'r arfordir yn ogystal.

Hwyaid

Y Chwiwell yw fy hoff hwyaden. Rhaid cyfaddef ei bod yn debyg i'r Ŵydd Fach gan fod ei phig mor fyr. Gweiriau a phlanhigion sy'n tyfu'n glòs i'r ddaear yw ei bwyd. Ar ddiwrnod gaeafol iawn yn Nhalsarnau cyfrifais dros 500 ohonynt yn cerdded o'r afon i bori'r gwair byr ar y glastir gerllaw.

Ar lynnoedd yn y gaeaf y ceir yr Hwyaden Bengoch. Nid yw rhew yn gymorth i hwyaid fel y rhain, sy'n plymio i waelod pwll i hela'u tamaid.

Hwyaden Ddanheddog (iâr) – yn dra gwahanol i'r rhelyw o'r hwyaid, mae ganddi big main hir bachog, a dannedd ar ymylon y pig i'w galluogi i ddal gafael ar bysgodyn llithrig. Dechreuodd nythu ger Llyn Efyrnwy yn y Canolbarth yn y 1950au, ond yn ddiweddar daeth yn gyffredin ar afonydd trwy Gymru gyfan.

Mae'r oerni mawr yn parhau . . . a threuliais ennyd ar lan afon Dwyryd ger plasty Bryn Mawr. Cludai lli'r afon dalpiau o rew tua'r aber a gwthiai'r llanw ychwaneg ohono i fyny'r afon. Canlyniad y gwrthdaro oedd peri i'r rhew grafu a rhygnu yn erbyn ei gilydd i greu sŵn fel esgyrn sychion yn griddfan. Ymddangosodd pâr o Hwyaid Llygad Aur ar bwll agored yng nghanol y rhew, ac roedd y clwt gwyn yn amlwg ar ochr pen tywyll y ceiliog. Mae'n anodd credu fod y rhain yn magu mewn tyllau yn y coed ac mewn blychau pren. Ymwelwyr dros y gaeaf o wledydd y Gogledd yw'r mwyafrif ohonynt.

Mae pyllau Malltraeth ym Môn yn enwog am yr adar mudol a ddaw yma dros y gaeaf. Er bod rhinwedd arbennig i bob hwyaden, mae rhywbeth yn hynod o osgeiddig yn yr Hwyaden Lostfain.

Gwyddau ac Elyrch

Erbyn hyn y mae llawer llai o saethu adar dros y gaeaf, a dychwelodd y Gwyddau Gwylltion i Forfa Glaslyn.

Gwelir niferoedd bychain o'r Gwyddau Duon yn y Foryd, ar lannau'r Fenai, bob gaeaf. Dyma un o wyddau'r môr, yn osgoi'r tir, ac yn cysgu ar y tonnau.

Byddigions ariannog yr oes o'r blaen a hoffai ddod ag adar o'r math hwn drosodd i'n gwlad ni. Daeth Gwyddau Canada i Loegr tua diwedd yr ail ganrif ar bymtheg a daethant yn niferus ar draethau Cymru o'r 1960au ymlaen.

Mor hyfryd fyddai mynd draw i Gors Malltraeth, Ynys Môn, yn niwedd y pedwardegau i gael golwg ar y Gwyddau Talcen Wen a aeafai yno bryd hynny.

Tydy ceiliog alarch *ddim* yn aderyn i'w gymryd yn ysgafn. Dwi'n cofio cyfaill yn sôn am ŵr arall a aeth i nofio i lyn, heb sylweddoli fod pâr o elyrch yno. Cafodd fraw ei fywyd pan welodd o – a'i ben uwch lefel y dŵr – glamp o geiliog alarch blin, a'i adenydd wedi chwyddo'n fawr yn bwrw i lawr arno! Ddaru o 'rioed nofio mor gyflym am y lan!

Bernir bod rhai cannoedd o Elyrch y Gogledd yn gaeafu yng ngogledd a gorllewin Cymru a Lloegr, ond ymfudant i nythu tua'r gogledd i Wlad yr Iâ, Llychlyn, Rwsia a Siberia, hyd at draethau'r Môr Tawel.

Cof gennyf fod yn dringo llethr ger 'Stiniog ar fore oer o Ionawr, a'r wlad islaw dan garped trwchus o eira, pan glywais guriad adenydd cryfion. Yna canfod wyth o Elyrch y Gogledd, gwyn fel yr eira, yn hedfan heibio'n bwrpasol yn yr awyr las.

Adar y Llynnoedd a'r Afonydd

Mae'n haws i naturiaethwr ddysgu crefft ffotograffiaeth nag ydy hi i ffotograffydd ddysgu bod yn naturiaethwr! Pwrpas cuddfan ydy galluogi naturiaethwr i guddio'n llwyr yng nghynefin yr aderyn – boed ar dir sych neu ar lan y dŵr fel a welir yma – a thynnu lluniau adar, a'r adar i bob pwrpas heb fod yn ymwybodol ohonof i na'r camera.

Tros y gaeaf bydd plu'r Wyach Gorniog yn llwytach na'i gwisg gymharu liwgar. Daw niferoedd bychain ohonynt o'r gogledd pell i aeafu oddi ar arfordiroedd Cymru.

Bu ymron i'r Wyach Fawr Gopog gael ei difa o'r wlad yn y bedwaredd ganrif ar bymtheg pan arferid defnyddio'r plu i addurno hetiau merched y cyfnod. Prin hanner can pâr oedd yn weddill cyn iddynt gael eu gwarchod, ond erbyn heddiw mae tua 4,000 o'r adar ym Mhrydain.

ADAR Y DŴR

Crëyr ifanc ar lan afon Dwyryd. Bu llawer o ddyfalu sut mae aderyn efo coesau hirion yn llwyddo i ori'r wyau – ydy'r coesau yn hongian trwy ddau dwll yn y nyth? Na, plygu'r coesau mae'r crëyr ac eistedd yn ôl arnyn nhw.

Rhew yw gelyn mawr llawer o adar y dŵr, am ei fod yn cloi eu bwyd o'u gafael. Tynnais lun y Cwtieir ar lyn bychan yn Nyffryn Maentwrog, a chan mai dim ond ychydig o lathenni o ddŵr agored oedd yn weddill iddynt yng ngheg y nant a lifai i'r llyn, nid oedd yn hawdd i'r Cwtieir fwydo, nac ychwaith ddianc rhag gelynion.

Mae yna hen gred bod Iâr Ddŵr yn gallu darogan tywydd. Hynny yw, os oes haf sych i ddod mi fydd yr Iâr Ddŵr yn codi nyth yn agos at lan y dŵr. Ond os haf gwlyb a llifogydd fydd yn ein hwynebu ni – yna mi fydd yn nythu'n uchel ar y dorlan, ymhell o gyrraedd y llif uchaf.

TED: DYN YR ADAR

Glas y Dorlan – dau gyw. Cof da pan fyddwn yn treulio wythnos yng ngwersyll Glan-llyn, uchafbwynt y diwrnod olaf fyddai hwylio glannau'r llyn yn y *Brenin Arthur*. Hwylio'n ara deg a chael cyfle i sylwi ar amrywiaeth o adar y dŵr yn codi ar bob llaw. Droeon byddem yn taro ar Las y Dorlan yn gwibio heibio, gan adael rhyw fellten o liw ar ei ôl!

Rwyf wedi arfer gweld Bronwen y Dŵr ar yr afonydd a'r nentydd 'bywiog' i fyny yn y mynyddoedd. Mae i'w gweld yn aml yn sefyll ar garreg fechan ynghanol y dŵr ac yn edrych yn debyg i glamp o Ddryw mawr tywyll.

Y Siglen Lwyd yw'r harddaf o'i theulu. Llecynnau nythu cyffredin iddi yn Eryri yw twll mewn pont gerrig, neu ar glogwyn bychan uwchben afonig.

Adar y Traethau a'r Aberoedd

Bydd Mulfrain yn treulio'r nos yn clwydo a chysgu ar sbanau'r peilon ar Forfa Dwyryd, ac ar rai o'r gwifrau crog trwchus. Gwelaf hwynt o'm tŷ, yn hedfan i mewn o gyfeiriad y môr, fel cadwyn o fwclis duon, ac ar dywydd gwyntog byddant yn cael trafferth mawr i lanio ar y glwyd. Wedi'r cwbl, nid traed gweog yw'r gêr hwylusaf i lanio ar fetel llithrig.

Mae'n hawdd iawn sathru ar wyau'r Cwtiad Torchog gan ei fod yn dodwy'r wyau ar y graean ar y traeth, ac mae cuddliw perffaith arnynt. Bydd gan y cywion hefyd, pan ddônt, y gwarchod-liw arbennig hwn. Os ewch yn rhy agos, mae ystryw gan yr iâr i geisio eich hudo o'r llecyn, drwy alw'n gwynfannus, a llusgo troed neu adain. Hawdd fyddai credu ei bod wedi ei hanafu, ond twyll ydy'r cyfan!

Bydd cywion Pioden y Môr tua phump oed cyn nythu am y tro cyntaf, a hynny ar ôl iddynt berffeithio'r grefft o agor cregyn. Nid gwaith hawdd ydy agor cragen, ac arferiad rhai o'r adar yw dyrnu cyhyrau'r gragen a'i gorfodi i lacio ei gafael. Dull arall yw defnyddio'r pig fel trosol, a gwthio'r pig iddi'n sydyn a'i throsolio'n agored.

Ymwelydd prin ag aberoedd Cymru yn y gaeaf yw'r Pibydd Torchog. Trueni nad yw'n nythu yma yng Nghymru – inni weld y ceiliogod, yn eu ffrils lliwgar, yn dawnsio'n egnïol i gystadlu am yr ieir.

Un o ryfeddodau natur i mi oedd eistedd mewn cuddfan ar y rhosydd yn y gwanwyn yn tynnu lluniau nyth y Gylfinir. Roedd yr wyau'n barod i ddeor a thwll ymhob un ohonynt. Dychrynodd y Gylfinir pan welodd rywun yn crwydro o hirbell, a hedfanodd i ffwrdd. Wedyn roedd y cywion yn cwyno ac yn protestio'n swnllyd. Rhoddodd yr iâr alwad o rybudd o hirbell i'w chywion, a dyma pob un ohonynt yn tawelu'n syth. Hynny yw, hyd yn oed cyn deori roeddent yn adnabod galwad rhybudd y fam.

Gwylanod a Môr-wenoliaid

Treuliais y prynhawn ar Lyn Trawsfynydd efo Twm Elias yn cyfri'r gwylanod sy'n nythu yno, a llwyddais i fenthyg cwch modur gan garedigion y Gymdeithas Enweirio.

ADAR Y DŴR

Ted ger nyth Gwylan Benwaig ar un o ynysoedd Llyn Trawsfynydd.
Coda'r Wylan Benwaig nyth o wair ar ynys, neu silff ar glogwyn. Weithiau nytha ar doeau adeiladau, ac mae hanes am bâr yn un o drefi glan môr y gogledd yn dod i mewn trwy ffenest agored i godi nyth ar wely mewn llofft!

Yn ystod yr 1960au cyfrifais dros 800 o *barau* o Wylanod Penddu yn nythu ar Ynys Gopa, yn Llyn Trawsfynydd.

Gwylan Gefnddu Leiaf. Fel hyn y byddai plant Môn yn dynwared y Gwylanod:

    Pennog! pennog! pennog!
    Dal – o! dal – o! dal – o!
    Ga' i – o? ga' i – o? ga' i – o?

51

TED: DYN YR ADAR

Nid yw tomen byd, neu domen ludw, yn atyniad i bawb, ond bu'n drysorfa i mi yn ddyn ac yn blentyn. Yn nyddiau bachgendod, cefais yno ddarnau o feiciau, teganau ac ati. Heddiw, mae tomen yn un o'r llecynnau difyrraf i wylio adar, gan fod teuluoedd y Brain a'r Gwylanod yn tyrru i'r wledd yno, yn arbennig felly ar ddydd Llun gan fod gweddillion gloddesta'r penwythnos yn y bagiau sbwriel. Gwelir heidiau o adar mân ar y cyrion gan fod cymaint o chwyn yn tyfu yno. Gwelais y Pibydd Lleiaf (aderyn o'r Gogledd pell), a'r Frân Lwyd ar fy hoff domen, ger Boduan yn Llŷn.

Bydd y Fôr-wennol Bigddu'n dychwelyd i Gymru cyn diwedd Mawrth, ar ôl ei theithiau hydrefol tua'r De, a bydd ugeiniau yn nythu'n glòs gyda'i gilydd mewn magwrfa ar draeth tywodlyd neu raeanog.

Bydd y Fôr-wennol Gyffredin yn ymwelydd cyson â Bae Cemlyn yng ngogledd Môn. Noder bod blaen ei phig yn ddu, sydd yn wahanol i big cyfan gwbl goch ei pherthynas agos, Môr-wennol y Gogledd. Bydd yn gaeafu oddi ar Orllewin Affrica cyn dychwelyd i nythu yn y gwanwyn.

Arferai'r Fôr-wennol Fechan nythu ar amryw o draethau yng ngogledd Cymru, ond aeth yn eithriadol o brin erbyn hyn.

Mae enw'r aderyn hwn yn ei gysylltu â disgybl yr Iesu. Bydd y Pedryn yn hedfan â'i goesau bach gweinion yn hongian uwchben y dŵr, fel petai'n dynwared Pedr Sant yn ceisio rhodio ar y dyfroedd.

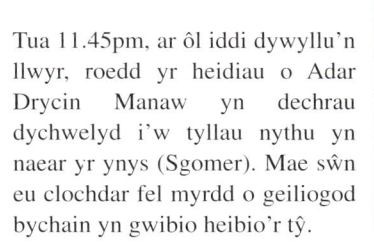

Tua 11.45pm, ar ôl iddi dywyllu'n llwyr, roedd yr heidiau o Adar Drycin Manaw yn dechrau dychwelyd i'w tyllau nythu yn naear yr ynys (Sgomer). Mae sŵn eu clochdar fel myrdd o geiliogod bychain yn gwibio heibio'r tŷ.

TED: DYN YR ADAR

Nid yw'n ddoeth mynd yn agos at Aderyn Drycin y Graig ar ei nyth gan ei fod yn gallu cyfogi olew ffiaidd o'i stumog a'i saethu at yr ymwelydd! Nythodd am y tro cyntaf erioed yng Nghymru ar ben y Gogarth, Llandudno ym 1945.

Yn niwedd yr 1940au cefais brofiad poenus pan oeddwn ar ymweliad ag Ynys Seiriol. Gwthiais fy mraich i mewn i un o dwnelau nythu'r Pâl, yn llawn brwdfrydedd. OND cefais gymaint o frathiad poenus am fy nhrafferth! Wrth sugno blaen fy mys gwaedlyd, cefais amser i werthfawrogi'r wers nad addurn lliwgar yw'r pig praff, ond erfyn effeithiol i ddal pysgod.

Mae yna tua 23,000 o Huganod yn nythu ar Bass Rock, a bu'n uchelgais gennyf i fynd yn agos at fagwrfa fel hon, ac yn wir fe aethom ym 1996. Roedd gweld yr adar mawr yma yn hedfan cyn plymio i'r môr am fwyd yn wefreiddiol a dweud y lleia.

Anifeiliaid ac ymlusgiaid

Mae'r Llygoden Bengron yn hoff iawn o ffrwythau'r Hydref.

Cofier na fedr y Neidr Wair frathu a gwenwyno, ond mae'n smaliwr penigamp. Mewn argyfwng, a dim gobaith dianc, bydd yn troi ar wastad ei chefn, a'i chorff yn hollol lipa, ei cheg agored yn gam, a'i thafod yn hongian. Ystryw yw hwn i argyhoeddi gelyn ei bod yn hollol farw, a gall aros yn yr ystum hwn am amser maith.

Roedd yna hen chwedl fod y Wiber yn llyncu ei chywion pan fyddai perygl gerllaw. Rwy'n cofio gwylio Gwiber yn llyncu madfall, ac araf iawn y diflannai i lawr safn y neidr, felly dydw i ddim yn credu y gallai nifer o wiberod bach ddiflannu i lawr gwddf eu mam.

Estynnais am fy esgidiau gwaith o dan gadair yn y tŷ gwydr, ond parodd hisian i mi dynnu'n ôl ar frys. Plygais i weld pa anghenfil oedd yn llechu yno. Yn fy wynebu yn yr esgid roedd Llyffant Dafadennog, wedi chwyddo'i hun i ddwbl ei faint arferol. Rhoddais ef ym mhoced fy nghôt, a'i ryddhau ym mhen ucha'r ardd. Drannoeth, pan grafangais am fy esgidiau o dan y gadair – oedd, roedd y crwydryn dygn adre'n ôl yn yr esgid!

Soniai perchennog gwesty lleol am branciau'r Moch Daear sy'n cartrefu mewn torlan ar bwys ei ardd: 'Maen nhw'n dilyn y rhesi mefus fel *vacuum cleaners*, ac yn y bore does na'r un yn weddill.'

Ystlum Pedol Lleiaf. Yn nyddiau fy ieuenctid cynnar, roedd arferiad difyr gennym pan welem ystlum yn hela pryfed yn y gwyll. Arferem lapio carreg fechan mewn hances boced, a'i lluchio i fyny at yr anifail. Pwysleisiaf nad niweidio'r ystlum oedd ein bwriad. Byddai'r garreg yn disgyn yn rhydd, a'r hances yn agor, ac yn treiglo'n araf tua'r ddaear. Rhan amlaf hedfanai'r ystlum at yr hances, a'n gobaith oedd y byddai'n bachu ynddi ac yn rhoi cyfle i ninnau gael golwg go dda arno. Ni lwyddasom i'w ddal chwaith!

Anifeiliaid ac ymlusgiaid

I mi, Siôn Blewyn Coch ydy'r harddaf o holl famaliaid Cymru, ac mae'n well gen i saethu'r Llwynog efo'r camera yn hytrach nag efo'r gwn.

'Tlws yw popeth bychan,' a gresyn fod y cenawon pert yma'n tyfu'n greaduriaid plagus i'r amaethwr.

59

Difyr oedd sylwi ar y lluniau a ddychwelwyd heddiw o'r labordy: roedd un ohonynt yn dipyn o ddryswch i mi. Safodd y geifr ar y fath osgo nes ymddangos fel petai dwy afr yn rhannu un pen a hanner dwsin o gyrn!

Pan fydd yr helfa'n dda, fe fydd y Twrch Daear yn cadw stôr o bryfed genwair. Petai e'n eu lladd nhw, fe fyddent yn pydru'n fuan, ond ei arferiad yw brathu pen pob un. Byddent yn fyw, ond heb allu dianc. Petai'r Twrch yn anghofio, gallent wella a dianc yn ôl i'r pridd. Fel hyn dydyn nhw ddim yn cael eu gwastraffu, ac fe fyddant yn y pridd yn bryd arall i'r Twrch diwyd. Yn tydi Natur yn wych?

Cefais fy neffro'n gynnar iawn fore heddiw gan glecian caead bin lludw'n taro'r palmant. Tybiais mai cath farus oedd yn chwilio am ei brecwast, ond ar y gair cefais gipolwg ar gefn anifail brown yn neidio i ben y bin, ac yn crafu'r plastig du. Chwarddais pan welais mai Ffwlbart oedd yr ymwelydd slei cynnar, a'i fod wedi ogleuo gweddillion pysgod yn y bin.

Pennod 6

Diddordebau Amrywiol

Ted (neu Mr Jones fel y galwn i ef!) a ddatblygodd yr hedyn diddordeb oedd gennyf mewn bywyd gwyllt, ac a'm dysgodd i sylwi yn dra manwl ar fy amgylchfyd. O ganlyniad, cyfoethogwyd fy mywyd.

Plentyn oeddwn y tro cyntaf y gwelais ef, yn rhoi sgwrs a dangos sleidiau yn festri Capel Peniel, Ffestiniog. Cofiaf yn iawn fy mod wedi fy swyno gan ffotograffiaeth ryfeddol a sgwrs wybodus ond anffurfiol y gŵr ifanc â'r wên siriol. Daeth y wên honno yn ddarn annatod o 'Ted' yn fy meddwl, fel y camera a'r gwydrau a gludai gydag ef i bobman, neu hyd yn oed y cetyn, bryd hynny. Nid anghofiaf fyth ei amynedd a'i garedigrwydd. O tua'r amser hwnnw ymlaen, daeth yn arferiad gennyf alw yn ei gartref, Bronant, Cae Clyd, gydag esgus gwantan o ddangos rhyw lyfr adar a oedd yn fy meddiant, ac er bod ganddo rai cannoedd o lyfrau natur ei hun, yn cynnwys pob un o'r ychydig oedd gen i, yr oedd yn rhy deimladwy i ddweud dim. Cyn bo hir, yr oeddwn yn cael gwahoddiad i Bronant 'i helpu' yn yr ardd, weithiau bod yn 'fodel' ar gyfer erthyglau yn *Cymru'r Plant*, neu gael y fraint, ar ôl i Ted orffen tynnu lluniau, o eistedd mewn cuddfan yn rhyfeddu ar harddwch brau siani lwyd neu robin goch yn eistedd ar nyth led braich i ffwrdd. Pleser llwyr oedd yr amser hwnnw ym Mronant, ond addysgiadol hefyd.

O'r dechrau bron, cymerodd Ted ddiddordeb yn fy arlunio, ac yma y tybiaf fod arbenigrwydd ein cyfeillgarwch yn tarddu. Ychydig iawn, mae'n debyg, sydd yn gwybod pa mor fedrus oedd Ted fel arlunydd, yn wir mentraf ddweud ei fod wedi caru'r brwsh gymaint ag y carodd y camera (os nad yn fwy), a synnaf weithiau iddo roi'r holl amser i'r un a chyn lleied i'r llall. Ganddo ef y cefais y wers bwysicaf fel arlunydd pan oeddwn oddeutu deuddeg oed. Cofiaf bopeth fel petai'n ddoe, y tŷ yn raddol dywyllu a haul isel y gaeaf wedi hen ddisgyn tu ôl i droed y Moelwyn Bach. Drwy ffenest yr ystafell ffrynt doedd dim bron i'w weld, pob titw â'i fol yn llawn cnau o'r basgedi bwydo, wedi mynd i'w wely. Daeth Ted o rywle yng nghefn y tŷ ag aderyn marw yn ei ddwylo, rhoddodd y golau ymlaen a gosod yr aderyn ar bapur gwyn ar y bwrdd. Eglurodd mai gwyach gorniog ydoedd a bod y ddau ohonom am wneud llun o'r pen. Rhyw ddeng munud wedyn, a'r brasluniau wedi eu gorffen, rhoddodd y naill a'r llall ochr yn ochr, a gofynnodd, 'Beth sy'n wahanol ynddynt?' Lluchiwyd fi braidd gan y cwestiwn, sylwais ar wahaniaethau arddull yn fwy na dim arall ac atebais yn ddigon hurt bod fy llun i yn dywyllach na'i un o. 'Na,' meddai, 'edrych ar y pig.' Edrychais ac o'r diwedd sylwais fod ongl fechan yn torri ar linell lefn y pig isaf fel y rhedai at y blaen. Roedd Ted wedi ei gweld, neu hwyrach ei fod yn gwybod yn barod am y siâp arbennig. Y peth pwysig oedd iddo sylwi nad oeddwn i wedi sylwi, a'i wers fawr oedd, 'edrych, ac yna ailedrych'.

Yn ystod y blynyddoedd dilynol parhaodd i'm helpu a'm hysbrydoli pan fyddai gwaith manwl o beintio adar yn fy syrffedu. Roedd ganddo lygaid arbennig am lun, a gwyddwn yn iawn y buasai unrhyw sylwadau a gynigiai yn briodol ac wedi eu hystyried.

Aeth â fi i Sir Fôn i gyfarfod ag un o'i arwyr, C.F. Tunnicliffe; ar ei liwt ei hun, dangosodd beth o'm gwaith i berchenogion orielau a chefais fy arddangosfa gyntaf. Dilynwyd hyn yn fuan gan gomisiwn i ddarlunio ar gyfer llyfr, a daeth yr 'athro' yn Ted allan yn gryf gan iddo fynnu weithiau fy mod yn mynd draw i Bronant i weithio ar y 'platiau', fel na fedrwn ddianc oddi wrth y gwaith! Dysgais nad oedd lle nac amser i ramantu am awen, roedd yn rhaid peintio bob dydd.

Rhyw bum neu chwe mlynedd yn ôl, a minnau wedi llwyr flino ar ddisgyblaeth gaeth arlunio bywyd gwyllt, dywedais wrth Ted fy mod am roi'r gorau iddi a throi at dirluniau. Ymatebodd fel y disgwyliwn: yr oedd, meddai, yn falch fy mod â'm bryd ar rywbeth newydd, yn arbennig y ffaith fy mod am weithio allan o flaen y gwrthrych. Ychwanegodd y buasai'n edrych ymlaen at ddod draw ataf i weld y gwaith a chynigiodd, gyda winc, roi benthyg llyfrau ar y pwnc i mi! Mae'n ddiddorol nodi iddo ef ei hun dynnu tirluniau â'i gamera yn effeithiol a llwyddiannus dros y blynyddoedd, a hwyrach wedi rhoi mwy o bwyslais ar yr agwedd hon o'i grefft tuag at ddiwedd ei oes. Buasai wedi bod yn anrhydedd cael arddangosfa ar y cyd – Cymru drwy lygaid ffotograffydd a'r arlunydd efallai.

Mae cefnu ar yr hen a throi at waith gwahanol wedi golygu ailddechrau gyrfa bron i mi. Deuai hyn ag ofnau ac amheuon di-ri, ond pan ddeallais fod Ted ac Anwen wedi prynu llun yn yr arddangosfa gyntaf a gefais o dirluniau, anodd oedd disgrifio'r balchder a deimlais ond, yn bwysicach fyth, gwelais fy mod ar y ffordd iawn a rhoddwyd hwb i'm hyder brau. Yn nodweddiadol iawn, sylwais fod Ted wedi dewis un o'r ddau neu dri llun y tybiwn i fy hun oedd wedi 'llwyddo'. Yn anffodus, mae yna dristwch mawr yn y ffaith na chafodd Ted weld y gwaith ar wal ei gartref, gan y bu farw cyn i'r arddangosfa ddod i ben.

Daw Mr Jones i'm cof yn aml; rhywsut mae cymaint i'm hatgoffa, roeddem yn rhannu'r un 'byd'. Pan gân y fronfraith neu'r aderyn du, efallai y gwelaf y wên ddidwyll eto; wrth grwydro ambell lecyn daw atgofion o gludo'r guddfan at nyth gwybedog, gwas y gog neu hwyrach drochwr. Yn amlach fyth, bron heb i mi sylwi, pan deimlaf fy mod yn methu â 'dal' rhyw gornel o dirlun, cofiaf y geiriau a'r wers, 'edrych, ac yna ailedrych', a byddaf yn ddiolchgar am gymaint a gefais ganddo.

GARETH PARRY

O'R pellter draw, clywed utganu pytiog corn car, a hwnnw'n cryfhau fwy a mwy nes tewi wrth giât y ffordd: Ted Breeze Jones wedi cyrraedd i'm cludo tua Bangor ar gyfer darllediad arall o'r rhaglen *Byd Natur*. Ted yn gwenu yn ei hwyl fwynaidd arferol gan holi ynghylch y pethau bychain hynny yn hanes teulu, tywydd, iechyd, teithio, a mân ddigwyddiadau tebyg.

Amdano ef ei hunan (am ei fod yn deithiwr brwd), gallasai fod newydd ddychwelyd o bellafoedd America, Affrica neu Sbaen. Heb unrhyw ymffrost, ni fyddai hynny, iddo fo, ond fel picio i Bentraeth, Ynys Môn, neu'r Ynys-las yng Ngheredigion.

Cymeriad hyfryd o fonheddig a gwastad oedd Breeze, heb ymfflamychu ynghylch unpeth, boed ddigwyddiad tawel neu ddamwain flin, boed iechyd neu anfadwch. Yn wir, fe'i cofiaf yn gofalus droedio'r ffordd fach tua'n cartre ni dan geisio cadw gor-groeso'r sbangi rhag mennu arno am y gallasai llam y sbaniel tuag ato wanu'r cryd cymalau oedd yn ei glun. Eto i gyd, ni chlywais mohono erioed yn hewian y dim lleiaf ynglŷn ag anghaffael poenus felly. Ei brif ofal mewn achosion o'r fath oedd bod Anwen yn cadw'n ddianaf, a bod Nedw'n cael ei gadwyno!

Am a wn i mai'r unig beth a allasai godi'i wrychyn fyddai triniaeth y Saeson o'n gwlad, neu'n waeth fyth, ymateb cyfoglyd y Cymry taeog i safiad cenedlaethol rhai o'i arwyr.

Ar y daith i Fangor, byddem yn trafod ambell gwestiwn am fyd adar a fyddai'n gofyn am ateb yn ystod y rhaglen oedd ar ddod. Wedi cyrraedd cydiai Ted yn ei ffeil, cloi drws y car ac ymlwybro tua'r stiwdio y bu ef yn darlledu ohoni ers deugain mlynedd a mwy. Yn y stiwdio honno, pan ddôi'r golau coch ar y wal gyferbyn, bwriai Ted i'w waith gyda graen hen grefftwr: ei wybodaeth am hynt a helynt adar yn syfrdanol, a'i ymateb i ambell bwnc annisgwyl yn gwbl ddigyffro, gan gyrraedd ei bwynt yn llwyr ddiogel.

Weithiau, byddai'n taflu'r ebwch 'wyddoch chi' i'w ymadrodd, a phan glywn yr 'wyddoch chi' hwnnw, byddwn innau'n deall yn iawn mai ei arafu'i hunan yn fwriadol y byddai Ted, dim ond er mwyn cael eiliad o gipio dros nodyn oedd ar ei bapur cyn bwrw ymlaen tuag anterth ei sylwadau. (Nid anghofiaf y rhaglen honno pan roes ddisgrifiad gwyddonol fanwl o bluen aderyn. Cyfareddol.)

Wrth ddychwel tuag adre, a thrafod y rhaglen a wnaethom, byddwn innau'n taro ambell sylw ar bapur er mwyn manylu ar y pwynt yn y rhaglen nesaf. Ac yna'n sydyn cael fy mwrw ymlaen gerfydd strapiau'r sedd am fod Ted wedi pwyso ar y brêc heb rybudd i neb. Roedd wedi llawn amcanu pasio'r cerbyd oedd o'i flaen nes i drofa siarp ei ffrwyno'n stond. Wedi atalfa felly, byddai'n ymlid y cerbyd hwnnw gyda'i droed yn drwm ar y petrol nes ei basio. O ŵr tawel ei ysbryd, ni fedrais lawn ddirnad yr ysfa ryfedd honno a'i meddiannai! Fe'i gwelais yn gorfod aros wrth olau coch gweithwyr y ffordd; bryd hynny, byddai Ted yn rhyw wingo am gael ailgychwyn i'w siwrnai. Fwy nag unwaith y bûm yn awgrymu iddo godi'i droed chwith oddi ar y pedal a gollwng y gêr o'i gafael – gan egluro 'i fod yn bendant yn llosgi'r *clutch*. (Ac fe wn i sicrwydd iddo orfod cael *un* newydd – o leiaf – o achos diofalwch o'r fath!) Y cyfan a wnâi Ted fyddai gwenu'n siriol arnaf gan bledio'i anwybodaeth o beirianwaith ei gerbyd cyn sbarduno'n chwyrn ymlaen unwaith yn rhagor.

Y rhyfeddod yw i gyfaill oedd mor anwybodus ym myd peiriant car fedru trin teclyn oedd mor gymhleth â chamera. Yn y maes hwnnw yr oedd yn arbenigwr o gryn faintioli. Roedd wedi deall gofynion celyd byd ffotograffiaeth hyd y manylyn lleiaf, pethau na chymerais i erioed yr un rhithyn o ddiddordeb ynddyn nhw: pellter, goleuni, cysgodion, ac amseriad agor a chau ffenestri'r camera, heb sôn am newid gwydrau clir, a choch, a melyn. Medrai dynnu llun aderyn yng ngolau haul, boed ar adain neu ar gangen; medrai hefyd, gyda fflacholau cymhleth, ddal symudiad aderyn yn y nos dywyllaf. Onid oedd cylchgronau o'r safon ddisgleiriaf ar draws y byd yn awyddus am ffotograff o waith E. V. Breeze Jones?

Ar wahân i sgrifennu erthyglau yn Gymraeg a Saesneg, yr oedd Ted yn ogystal yn arlunydd pur alluog. At hynny, fe gyhoeddodd gryn ddeg ar hugain o lyfrau am fyd adar (yn bennaf o ddigon) ond gydag ambell gyfrol hefyd am enwogion fel yr arlunydd Kelt Edwards.

Y galar bellach yw i Breeze ein gadael mor ddirybudd. Diffoddwyd y golau coch heb i ni glywed yr 'wyddoch chi'. Na dim arall o ran hynny.

ROBIN WILLIAMS

T<small>RWY</small> fudiad Urdd Gobaith Cymru y deuthum i gysylltiad â Ted gyntaf. Bu am flynyddoedd yn cyfrannu'n rheolaidd i *Cymru'r Plant* gan lunio erthyglau difyr am fyd natur, gyda ffotograffau a lluniau pìn-ac-inc o'i waith ei hun. Llafur cariad, rheolaidd, cyson fu hyn ond a groesawyd bob mis gan blant ac athrawon trwy Gymru. Yn y chwedegau, prin iawn oedd deunydd o'r math hwn yn Gymraeg. Casglwyd rhai o'r erthyglau hyn a'u cyhoeddi'n lyfrau gan yr Urdd yn ddiweddarach.

Tua'r adeg hon, a minnau'n Bennaeth yng ngwersyll Glan-llyn, rhoddwyd cychwyn ar gyrsiau Adarydda a Ffotograffiaeth yn y gwersyll. Gyda brwdfrydedd heintus Ted, a'i wybodaeth eang, buan y daeth y cyrsiau hyn yn boblogaidd iawn, yn arbennig felly gyda tho o swyddogion rheolaidd Glan-llyn. Daeth cyfnod o brynu gwydrau, camerâu a llyfrau adar.

Roedd digon o gynefinoedd gwahanol ym Mhenllyn, gyda'r mynydd-dir, y coedwigoedd, y ceunentydd ac wrth gwrs y llyn yn cynnig amrywiaeth o sefyllfaoedd i wylio ac adnabod gwahanol adar. Ar yr un pryd byddai cyfle i deithio i wahanol ardaloedd o dro i dro.

Taith felly oedd honno pan aeth y criw i Ddyffryn Dysynni at Graig yr Aderyn. Bu Ted yn sôn am y Barcud Coch, ei arbenigrwydd yng Nghymru a pha mor brin yr oedd yr adeg honno. Wrth i ni ddod allan o'r cerbydau yn Nysynni, beth oedd yn troelli uwch ein pennau ond y Barcud, yn union fel pe bai Ted wedi trefnu'r peth.

Taith fythgofiadwy oedd honno i Ynys Sgomer oddi ar arfordir Penfro, i wylio adar y môr yn nythu ac yno ddarganfod Aderyn Drycin Manaw allan o'i dwnnel nythu. Yna tynnu lluniau'r Palod yn torsythu ar y clogwyni. Taith arall i Ben Llŷn o bob man, a chael, mewn cae yng Nghefnamwlch, ffens ac arni drigain neu ragor o adar ac anifeiliaid wedi eu lladd a'u hongian. Brain Tyddyn, Ydfrain, Jac-do, Piod, Sgrech Goed, Ysguthanod a Bronwennod. Y cof sy'n aros yw'r distawrwydd ymhlith y criw am gyfnod wedyn.

Wedi nifer o deithiau o fewn Cymru, penderfynwyd mai'r datblygiad naturiol nesaf oedd mynd i'r cyfandir i wylio adar, a lle gwell na'r Camargue yn Ne Ffrainc. Yma yn aber yr afon Rhôn mae'r lle gorau yn Ewrop i wylio adar ar eu llwybr mudol o Affrica dros y Môr Canoldir tua'r gogledd. Roeddem yn teithio mewn bws mini gan wersylla ar y ffordd. Gwelsom y Fflamingo yn ei fagwrfa mwyaf gogleddol, y Crëyr Gwyn, y Llydanbig a'r Hirgoes ar y corsdir eang gwastad. Yna cododd gwynt cryf y *Mistral* a dymchwel ein pebyll, ond profiad i'w gofio oedd y daith honno yng nghwmni Ted.

JOHN ERIC WILLIAMS

Roedd Ted yn barod i annog eraill yn ei faes bob amser. 'Wyt ti'n sgwennu rhywbeth ambell waith?' oedd ei gwestiwn un tro. Cyfaddefais innau mai dim ond beth oedd yn rhaid i mi gyda'm gwaith.

Fe'm hanogodd i afael ynddi a gyrrodd becyn trwchus o luniau ardderchog o adar a bywyd gwyllt i mi, i gyd-fynd â rhyw destun âi â'm bryd. Dyna gychwyn ar rai o'm hymdrechion.

WIL JONES

Fe lwyddodd fy ymweliadau cyntaf â Bronant, cartref Ted ar odrau'r Manod Bach, i ennyn f'edmygedd a minnau ond yn 16 oed. Mae gen i ddarlun clir yn fy meddwl o'r parlwr – stydi a gweithdy Ted a'i silffoedd yn llawn o lyfrau am ffotograffiaeth bywyd gwyllt ac adareg ochr yn ochr â llyfrau Cymraeg – nofelau, barddoniaeth a llenyddiaeth am fyd natur, llenyddiaeth a oedd yn arloesol yn y cyfnod hwnnw; camerâu a chyfarpar fflach electronig soffistigedig yr olwg, yn ogystal â theclynnau gwych ar gyfer camerâu, llawer ohonynt wedi eu cynllunio gan Ted ei hun, ac yn eu plith ffotograffau agos godidog o adar a mamaliaid, ffotograffau cofiadwy o ran manylder ac eglurder. Roedd y cyfan yn gartref i ddyn a oedd yn adnabod yn dda y cigfrain a'r boncathod a oedd wedi ymgartrefu ym mynyddoedd ei fro enedigol. Dyn oedd hwn a oedd wedi dringo i'w nythod gan dynnu llun y cynnwys.

Unwaith y deallodd fy awydd cryf i fod yn ffotograffydd bywyd gwyllt, daeth Ted yn athro answyddogol arnaf. Y camera gorau i gychwyn ar y gwaith yn ei farn ef oedd camera maes henffasiwn, ond fe lwyddodd gwerthwr camerâu i'm perswadio i brynu model adlewyrchol un lens am bris rhad. Ysgwyd ei ben wnaeth Ted a dweud dim. Erbyn y gwanwyn dilynol, gan ddefnyddio fy nghamera newydd, tynnais lun sawl aderyn ger fy ysgol yn Rhyd, nid nepell o Faentwrog, ac o'r un guddfan fe gymerodd Ted rai lluniau hefyd o nyth sgrech y coed, gyda'i gamera maes. Yn ystod yr hydref, euthum â'm negatifs draw i Fronant er mwyn dysgu am waith datblygu ffilm. Gwnaethpwyd y print cyntaf o'r sgrechod y coed a phleser mawr gennyf oedd gweld y llun yn datblygu ar y papur ffotograffig. Dyma oedd fy nghampwaith, ac ar ddiwedd y sesiwn euthum â'r llun i'r parlwr er mwyn i Ted ei edmygu. Ar y cwpwrdd yn y parlwr, roedd pentwr o brintiau o waith Ted, ac edrychais trwyddynt, gan eu hedmygu fel arfer. Yn eu canol, roedd llun o 'fy' sgrechod y coed. Gosodais fy llun wrth ei ochr, gan deimlo'n hynod o wylaidd, ac edrychais ar Ted. Unig ymateb Ted oedd dweud 'Wyt ti'n gweld be dwi'n ei feddwl? Mae'n rhaid i ti brynu camera maes!'

Gan nad oedd modd i'm pres poced dalu am gamera o'r fath, penderfynais ysgrifennu a gwerthu erthyglau am adar i gylchgrawn. Bythefnos yn ddiweddarach, gyda gwên fawr ar fy wyneb, cyflwynais fy ymdrech gyntaf, hirfaith a diflas, i Ted. Darllenodd trwy'r erthygl gan ofyn yn betrusgar, 'Ia . . . wel . . . wyt ti'n meindio os gwna i rhyw fân newidiadau yma ac acw?' a gafaelodd mewn beiro goch gan ailsgrifennu rhan fwyaf yr erthygl a rhoi llinell trwy'r gweddill! Fe gafodd yr erthygl ei chyhoeddi'n fuan ac yna derbyniwyd tair arall. Lleihau yn raddol wnaeth newidiadau Ted, hyd nes i'r erthyglau fod yn waith i mi yn unig yn y diwedd.

JOHN LAWTON ROBERTS

Credaf mai camp Ted oedd torri'r monopoli Seisnig ar fwynhau cyfoeth byd natur, monopoli a oedd wedi llesteirio astudiaethau amgylcheddol yng Nghymru er pan ddaeth y peth i fod. Mynnodd ddilyn ei ddiddordeb yn y Gymraeg, ni waeth beth feddyliai aelodau parchus y Borth-y-gest *Birders*. Gwnaeth i fyd natur fod yn rhywbeth y gallesid ei wneud yn y Gymraeg, rhywbeth y gallasai pob bachgen a merch, o blasty neu dŷ cyngor, ei fwynhau. Ted oedd byd natur i'r Cymry am genhedlaeth gyfan.

A pho fwyaf yr wyf yn hel atgofion amdano, mwyaf fyth yr wyf yn sylweddoli maint ei ddylanwad arnaf. Roedd ganddo amser i bobl yn ogystal ag i gamera ac i aderyn. Yn wir, roedd gwrando ar bobl a'u straeon am fro, a hanes a bywyd gwyllt, yn gymaint rhan o'i waith maes ag unrhyw beth a wnâi yng nghanol y pedwar gwynt. Wrth wrando a sylwi a dadlau a damcaniaethu, mewn tafarn, neu ysgol, neu wers WEA, roedd yn casglu a chrynhoi y math o hanes am ei ardal nad ymddangosodd erioed mewn llyfr hanes 'go iawn'. Pwy arall fyddai wedi casglu hanes talyrnau ymladd ceiliogod, un o'i gyhoeddiadau olaf, fel rhan o faes adarydda?

DUNCAN BROWN

Roedd yn bleser ac yn anrhydedd cael galw ar Ted yn ei gartref yn 8 Dorfil Street lle roedd yn byw gyda'i ewythr – 'Ync' fel yr oedd yn ei alw. Roedd gan Ted gasgliad ardderchog o lyfrau a lluniau adar, llyfrau ar ffotograffiaeth ac arlunio. Yn ogystal â bod yn ffotograffydd ardderchog, roedd Ted yn arlunydd gwych hefyd. Yn gyson roedd yn paratoi darluniau i erthyglau a chylchgronau. Roedd yn fedrus dros ben yn cynhyrchu lluniau syml ac effeithiol gyda'r *scraper board*.

Treuliais oriau yn yr ystafell dywyll, ac yno dysgodd Ted fi i ddatblygu ffilmiau ac argraffu a phrintio lluniau du-a-gwyn. Gyda'i arweiniad llwyddais i drefnu fy ystafell dywyll fy hun yn fy nghartref, a gwneud *enlarger* drwy ddefnyddio dau bot *infant toilet utensil* a thun pei Fray Bentos i ddal y golau! Dyna sut y dechreuodd fy niddordeb mewn ffotograffiaeth sydd yn dal i'm difyrru hyd heddiw.

EMYR ROBERTS

Rydw i'n meddwl mai wrth drafod y Gwybedog Brith, a rhywogaethau eraill yng nghoedydd Maentwrog, y soniodd Ted am y broblem a gawsai gydag enwau Cymraeg yr adar yn ystod ei sesiynau gyda'r BBC. Mynegodd ei ddymuniad am restr safonol, dderbyniol, ar gael ar gyfer pobl fel ef ei hun (arolygwr gwybodaeth am adar) ac ar gyfer ei wrandawyr (pobl yn ymddiddori yn y fath wybodaeth). Teimlais y byddai'n ddefnyddiol a gwerthfawr i ehangu'r cysyniad yma i restr drefnus o'r holl adar a oedd eisoes wedi eu cofnodi yng Nghymru, gyda nodyn byr am ddosbarthiad a statws rhifol pob rhywogaeth. Fe ddaeth y ddau syniad at ei gilydd gydag ymrwymiad pendant i fraslunio dogfen felly.

Cawsom gyfrol Meirion Parry, *Enwau Adar*, (1963) yn sylfaen sicr i'r drafodaeth, ac fe ddangosodd honno faint y prif anhawster: roedd gan yr adar cyffredin nifer enfawr o enwau lleol, pryd nad oedd gan rywogaethau llai cyffredin ond un ai cyfieithiad syml o'r enwau Saesneg neu – mewn sawl achos – dim enwau Cymraeg o gwbl. Amcan ein gwaith oedd peidio â dinistrio'r cyfoeth hyfryd o enwau lleol ond, yn hytrach, dewis un (ar gyfer pob rhywogaeth) y gellid ei ddefnyddio fel safon dderbyniol fel y gallai pawb a ddefnyddiai, neu a glywai, yr enw hwnnw wybod y funud honno at ba rywogaeth yn union y cyfeirid.

Roeddem yn ddiolchgar fod llawer o bobl wedi cynorthwyo gyda'r prosiect, yn arbennig G. E. Thomas, Pwllheli, a H. J. Hughes, Harlech, a fu'n hynod gefnogol gyda chywiriadau ieithyddol ac argymhellion, a chawsom sylwadau cefnogol a chryn lawer o gymorth ymarferol gan amryw o bobl yn y siroedd. Fe ymddangosai ein trafodaethau ni yn ddiddiwedd, ac ar adegau yr oeddem mewn trafferth. Fe gofiaf yn dda y penderfyniadau poenus roedd yn rhaid eu gwneud rhwng tri enw – Boda, Bwncath a Barcud – am ddim ond dau rywogaeth. Ac, wrth gwrs, roedd y prif wahaniaethau mewn enwau rhwng gogledd a de yn anochel. P'un bynnag fe gawsom hwyl wrth ddyfeisio enwau i rywogaethau eithriadol brin nad oeddent wedi eu cofnodi yng Nghymru ar ddim ond un neu ddau achlysur (ac felly na ddisgwylid iddynt gael enwau Cymraeg lleol).

Erbyn 1973, p'un bynnag, roeddem wedi drafftio llawysgrif, gyda'r teitl *Rhestr o Adar Cymru*. Ted oedd yn bennaf cyfrifol am yr enwau Cymraeg, ac roeddwn innau wedi ymchwilio i statws a dosbarthiad yr adar. Roedd yn amlwg y byddai angen cyfaddawdu ynglŷn â'r enwau, ac yn sicr ni fyddai modd plesio pawb; ond, mewn gwirionedd, pan gyhoeddwyd y gyfrol gan Amgueddfa Genedlaethol Cymru tua diwedd 1973, doedd ond ychydig iawn o sylwadau beirniadol (neu efallai fod yna rai ond na chlywson ni mohonynt!). Roedd y cysyniad wedi ei dderbyn, ac roedd gwaith caled Ted, y cydweithredu, yr ailddrafftio diddiwedd, o'r diwedd wedi rhoi rhywbeth o werth mawr i Gymru, rhywbeth roedd Ted wedi gweld yr angen amdano, a bellach yn rhywbeth yr oedd ef wedi ei gyflawni. Fe ddaliodd y llyfryn brawf amser yn dda iawn; cafodd ei dderbyn fel ffynhonnell yr enwau Cymraeg safonol am y rhywogaethau adaryddol hynny a gafodd eu cofnodi yng Nghymru, ac fe ffurfiodd y sail i'r rhestr a arolygwyd ac a gyhoeddwyd ym 1994 gan Gymdeithas Edward Llwyd.

Roeddwn wedi cael pleser o gwmni Ted – ei chwerthin, ei ddoethineb, ei brofiad o ddarlledu, ei gariad at yr iaith a'r bobl a'i siaradai.

PETER HOPE JONES

Ni fyddai Ted byth yn segur, nac yn ddiflas, gan fod digon o ddiddordebau ganddo. Ymhyfrydai mewn hanes, yn arbennig hanesion lleol. Pan fyddai'n mynd allan ar nosweithiau i gynnal sgyrsiau, byddai'n plethu'r hanesion lleol hyn i'w ddarlithiau ar fyd natur.

Yr hen drefn o gario gwair rhydd, yng Nghae Clyd yn y 1950au. Dyma un o'r llecynnau olaf i Regen yr Ŷd gartrefu yn y fro.

Cymeriad hoffus o Danygrisiau, sef Bob Gof, wrth ei waith yn Chwarel Llechwedd. Roedd ei sgwrs yn ddifyr bob amser.

DIDDORDEBAU AMRYWIOL

Rhwydo yn aber afon Dwyryd.

John Gwilym Williams, Llandecwyn, yn arfer yr hen draddodiad o dryfera neu sticio lledod. Amser a fu, byddai chwarelwyr yn dod i lawr o 'Stiniog ar nos Wener ddiwedd y mis i dryfera. Yr erfyn syml ganddynt oedd ffon a hoelen ar ei blaen.

TED: DYN YR ADAR

Roeddem yn ymweld â'r ardal gyda thristwch un haf sych. Daeth atgofion yn ôl o daro heibio Tŷ Nant, Capel Celyn i chwilio am Dylluan Wen oedd yn nythu mewn hen dŷ yno. Wrth grwydro o gwmpas efo Robin Tŷ Nant cawsom olwg ardderchog ar geiliog Grugiar Ddu yn mynd heibio'n isel uwch ein pennau. Gwelais nyth Bwncath hefyd ar dalp o graig – gallaswn gerdded i'r nyth! Oedd, mi roedd yn lle arbennig.

Sylwodd un o frodorion Talsarnau ar weddillion hen gwch mewn ffos dywodlyd ar lastir Ynys Gifftan. Cofiodd am ddarlith ym Mhlas Tan-y-bwlch am yr hen gychod a ddefnyddid i gario llechi 'Stiniog o'r ceiau ar lannau afon Dwyryd tua dwy ganrif yn ôl.

Archwiliwyd y safle gan arbenigwyr, ac yn araf, yn llafurus ac yn ofalus llwyddwyd i'w symud fesul darn oddi yno i gael ei phiclo a'i chadw'n ddiogel.

Nith ifanc i mi yn edrych ar fedd y milwr ifanc, Hedd Wyn, yn Fflandrys.

Ted yn yr Wylfa Adar ar Enlli yn yr 1950au – yn pwyso aderyn cyn ei fodrwyo.

Uchafbwynt blynyddol i mi yn yr 1950au oedd gwahoddiad i 'Shorelands', cartref yr arlunydd Charles Tunnicliffe ym Malltraeth . . a'm swydd i fyddai cofnodi'r darluniau pwysig ar ffilm lliw. Ymweliad arbennig oedd hwnnw pan fyddai casgliad lluniau ar gyfer Arddangosfa Haf yr Academi Frenhinol yn barod i'w hanfon i'r oriel yn Llundain. Ar ôl cyfnod hamddenol yn edmygu a chloriannu'r lluniau dyfrlliw hyfryd, cawn fy ngadael ar fy mhen fy hun i gyflawni'r gwaith pleserus . . . Deuai'r sesiwn a'r breuddwydio i ben gyda llais Walker yn bloeddio, 'Be wyt ti'n neud yn fan'na mor hir, Edward?'

Seiat y Naturiaethwyr, tua 1970 – yn y stiwdio. O'r chwith i'r dde dyma Dr R. Alun Roberts, W. R. Owen (Cynhyrchydd), Ffowc Williams (Cadeirydd), H. Lloyd Owen, Tudwal Roberts a minnau.

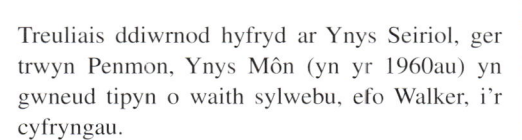

Treuliais ddiwrnod hyfryd ar Ynys Seiriol, ger trwyn Penmon, Ynys Môn (yn yr 1960au) yn gwneud tipyn o waith sylwebu, efo Walker, i'r cyfryngau.

Ers rhai blynyddoedd bellach bûm yn cynnal dau gwrs ar wylio adar bob blwyddyn ym Mhlas Tan-y-bwlch, un yn ystod y gaeaf a'r llall yn nechrau Mai. Wrth gwrs, cynhelir y cyrsiau hyn yn gyfan gwbl drwy'r Gymraeg.

Meddyliwch am fy syfrdandod pan welais set o ddannedd gosod Wack yn gwenu arnaf o dywyllwch mewnol y bocs!

Nid oedd Ted na minnau wedi sylweddoli fod yr un bocs wedi'n dilyn ac wedi ymddangos ar silff-ben-tân pob un o'r tai y buom yn aros ynddynt. Dwi ddim yn meddwl inni dderbyn y gobaith gwyrthiol hwnnw a adawyd i Bandora, ond cafodd Ted a minnau wên siriol ein cyfaill pennaf o dywyllwch eithaf y bocs bach du.

WIL EVANS

PAENTIAD o long hwyliau ysblennydd (cyffelyb i un o oes y Tuduriaid) ar fôr tymhestlog, ac ar ben y llun y geiriau *Outward Bound to Save the Pound*.

Dyna ffordd od, meddech, i gychwyn rhyw atgofiant bach o'm hen ffrind E. V. Breeze-Jones, ond dyna fy nghof cyntaf o'i gyfarfod yn Ysgol y Bechgyn, Maenofferen, Blaenau Ffestiniog. Credaf fy mod yn gywir wrth ddweud mai rhywdro ym 1952 y daeth Ted i'n hysgol ni. Ni chefais y fraint o fod yn ei ddosbarth, ond am ryw reswm roedd ein dosbarth ni (dosbarth Tom Evans) yn cymryd rhan mewn cystadleuaeth arlunio dan nawdd y Cynilion Cenedlaethol. Deuai Ted i mewn i'r dosbarth i roi ryw hwb i ni. Mae'n sicr iddo roi hwb dda iawn i mi achos aeth fy llun 'i' ymlaen i rywle, a chofiaf gael gwobr mewn pantri yng Ngwesty'r Frenhines yn y Blaenau. Nid achubwyd y bunt gyda'r antur hon ond roedd Ted yn gryn arwr i blentyn deg oed o hynny ymlaen, ac ymhen amser yn ffrind da.

Fel yr aeth dyddiau ysgol heibio, felly hefyd y dechreuais innau ddatblygu diddordeb mewn tynnu lluniau. Dros sgyrsiau niferus yn Norfil cefais hyfforddiant mewn tynnu lluniau trwy fenthyg rhai o'i lyfrau, fy argymell at y peth a'r peth yn y llyfrgell ac ymhen amser, prynu *Amateur Photographer* (AP) bob wythnos. Paratoad oedd hyn i mi brynu fy nghamera priodol fy hun i dynnu lluniau adar a ninnau'n dal yn nyddiau'r 'camerâu maes, pres, megin ledr a phren mahogani' (*Clicio'r Camera*, tud. 31). Cofiaf fel petai ddoe dynnu ei sylw un wythnos at hysbyseb yn yr *AP* at *Newman & Guardia Single Lens Folding Reflex Box Camera* am £45 o gyfeiriad yn Llundain. Roedd hyn yn grocbris i unrhyw fachgen yn y Blaenau bryd hynny a gofynnais iddo beth petawn yn cynnig £20 amdano. Ymledodd y wên hynaws, radlon, hanner direidus 'na a adwaenem mor dda, hyd at ymylon ei fwstás wrth iddo ateb 'pam lai'.

Roedd tua throedfedd o eira yn y Blaenau beth amser wedyn pan euthum â'r parsel at Ted, a chredaf i'r ddau ohonom gael gwir fwynhad o'i agor i weld y camera ysblennydd yn dod allan o'i focs, ac i ddarllen y llythyr teipiedig a ddaeth gydag ef. Tynnais gannoedd o luniau hefo'r camera hwn mewn byr flynyddoedd wedyn heb gael yr un (yn fy nhyb i) a ddeuai'n agos at safon y Meistr.

Y tynnu lluniau a ddechreuodd fy niddordeb mewn datblygu'r ffilmiau hefyd. Yn Norfil y dechreuwyd yr hyfforddiant gan wneud fy chwyddwr fy hun a'i baentio'n ddu gyda phaent wedi ei wneud o hen ddisg '78 wedi ei thoddi mewn gwirod methyl – rysáit y Meistr wrth gwrs.

Ychydig ar ôl i Ted ac Anwen symud i Gilfor mae'n rhaid ei fod wedi sgwennu ataf. Roeddwn wedi anghofio am hyn nes syrthiodd y llythyr hwnnw o'm copi o *Clicio'r Camera*. Llythyr i ddiolch am anrheg priodas ydoedd. Rhan o'r anrheg oedd camera maes, pres, megin ledr a phren mahogani! Rhoddais hwn iddo pan glywais i ladron ddwyn llawer o'i hen gamerâu o Bronant yn ei ddyddiau olaf yno.

Nododd fod y camera 'yn adlewyrchu crefftwaith o oes fwy diniwed' – ond gyda'r gair olaf wedi ei groesi allan a'i newid am 'hamddenol'! Camgymeriad? Nage. Ffordd unigryw ddireidus Ted o gyfeirio at y camera hwnnw a gefais yn y pumdegau, a'r difyrrwch a gafodd wrth ddarllen llythyr teipiedig y gwerthwr yn cadarnhau iddo ei werthu imi oherwydd 'diniweidrwydd' fy llythyr yn gofyn amdano am bris mor isel!

GARETH LLOYD

Daw'r glaw, y llen lwyd symudol sydd rhwng y tŷ yma a'r mynydd, ag atgofion am Sbaen ac Andalucia a'r trip tramor cyntaf i Ted a minnau.

Roedd hi wedi bod yn bwrw hen wragedd a ffyn am ran helaeth o'r dydd, ond er y trafferthion i ddarganfod adar a'u ffilmio, roeddem ni'n dau o leia'n teimlo'n gartrefol! Mae unrhyw un sydd wedi ei fagu'n 'Stiniog, er yn falch o wres yr haul i gynhesu ei war, yn fwy na chyfarwydd â glaw. Er bod y glaw trofannol hwnnw yn drwm a chyson ac yn gwlychu at y croen, doedd hynny'n poeni dim ar Ted.

Doedd 'na fawr o ddim oedd yn ei daflu oddi ar ei echel – ddim adra yn ei gynefin, na thramor chwaith. Roedd o'n aml yn ei elfen yn y mannau hynny y byddai'r rhan fwya'n eu hosgoi. Pwy yn ei iawn bwyll fyddai'n treulio dyddiau mewn gwaith carthffosiaeth, ac oriau yn iard gefn lladd-dŷ? Roedd Ted hefyd fel gwylan yn tynnu at y doman sbwriel leol; roedd o'n deall teithi meddwl adar, yn gwybod eu bod nhw bob amser yn falch o damaid, fel titw am gneuen, heb orfod gweithio'n rhy galed amdano. Ac i'r llefydd ansawrus hynny, y 'doman byd' a'r 'siwrej', y bydden ni bob amser yn anelu gynta, ac yn ddi-feth fel yr adar fe fydden ninnau hefyd yn cael gwledd. Rhydyddion hirbig ar goesau brwyn yn y gwelyau lleidiog agored yn Gambia yng ngorllewin yr Affrig, a fwlturiaid sglyfaethus yn y doman esgyrn y tu ôl i'r lladd-dŷ. Y dyn camera, er bythol glod iddo, yn aros efo ni, ond gweddill y criw mor bell oddi yno ag roedd hi'n bosib bod, a ninnau fel ci ac asgwrn yng ngwynt ein gilydd. Roedd bod o fewn llathenni i garthwyr mawr yr awyr fel hynny yn brofiad heb ei debyg. Fe fu'r arogl efo ni am ddyddia.

Cofio ogla drwg y bydda i hefyd wrth gofio'r tro cynta i Ted a minnau fynd efo'n gilydd i wylio adar. Draw yn sir Fôn ar drywydd aderyn drycin y graig, a oedd newydd ddechrau nythu ar greigiau'r ynys yn y chwedegau, yr oedd hynny. Roedd golwg ac ogla mawr arnom yn cyrraedd rhyw gaffi tua Amlwch ar derfyn dydd, pobl y caffi yn crechwenu, a ninnau'n poeni dim a'r lluniau'n saff yn y camera.

Fe gofia i ymweliad hefyd â Tata, tref lychlyd ar gyrion y Sahara yn Moroco. Bryd hynny y ni oedd yn chwerthin. Ar ôl i'r criw ruthro i fachu'r stafelloedd gorau yn eu tyb nhw, y stafelloedd efo cawod a thŷ bach, Ted a finna'n gorfod bodloni ar rannu'r un stafell foel oedd ar ôl a cherdded i lawr coridor hir am ryddhad. Dim toilet, ond dim ogla!

O'r holl deithio, gartref a thros y dŵr, a'r trafferthion lluosog a ddaeth yn sgil hynny, ni fyddai brwdfrydedd Ted byth yn pallu. Er mor bwysig cael taith lwyddiannus neu raglen deledu dda, fyddai'r gwylio a'r chwilio ddim yn dod i ben unwaith y byddai'r rhaglen wedi ei chwblhau. Fel crëyr glas nad oes bodloni arno, ni fyddai Ted yn rhoi'r gorau i chwilio am adar, na chwaith i dynnu eu lluniau. Doedd dim pall arno o ran brwdfrydedd a'r awydd i drosglwyddo'r wybodaeth oedd ganddo. Roedd yn athro wrth reddf, ac fel pob athro da fe fyddai wedi paratoi yn drylwyr. Nid yn unig byddai'n gwybod pa adar i'w disgwyl, ac yn eu nabod bron yn ddi-feth ar y cynnig cynta, ond byddai ganddo bwt wedi ei baratoi amdanynt, ac wrth gwrs enw Cymraeg i ateb yr enw Lladin gwyddonol cydnabyddedig. Roedd o'n un da am enw – ganddo fo a Peter Hope Jones y cawsom ni'r rhestr gyflawn gynta o enwau Cymraeg ar adar Cymru, ac mae hi mor safonol heddiw ag yr oedd pan gyhoeddwyd hi gyntaf dros chwarter canrif yn ôl. Doedd amser yn golygu dim iddo pan oedd adar o gwmpas, a rhaglenni i'w gwneud neu luniau i'w tynnu. Yn y rhaglenni teledu a wnaethom ni gyda'n gilydd, y lluniau fyddai'n dod gynta, sef cael hyd i'r adar a'u ffilmio. Wedyn y byddem yn mynd ati i sgwrsio amdanynt neu baratoi sylwebaeth, gan greu darn o ffilm a fyddai'n ymddangos fel pe baem yn eu gweld yno yn y fan a'r lle ar hap. Yng nghwmni Ted doedd dim yn digwydd ar hap. Ar ôl cael y lluniau gorau posib, byddem yn mynd yn ôl i'r gwesty i edrych arnynt gan benderfynu beth maes o law fyddai'n dderbyniol i'w roi yn y rhaglen. Ar ôl hynny, ac ar ôl sylwi'n fanwl ar yr adar a'u symudiadau, y byddem yn recordio'r sgwrs a fyddai'n priodi â'r lluniau, a Ted mor naturiol â phe byddem yn eu gweld yno o'n blaenau.

Doedd o byth yn:
'Rhy hen i brofi syndod,
Rhy gall i weld y wyrth!'

Mawr oedd ein braint, y rhai gafodd nabod Ted yn dda. Roedd o'n gawr o naturiaethwr, yn adarydd penigamp, tynnwr lluniau diguro ac athro brwd, ond roedd hefyd yn gwmnïwr diddan, yn gymwynaswr ac yn gyfaill.

Dei Tomos

TEITHIAU TRAMOR

Hoffai grwydro, nid yn unig i weld adar a bywyd gwyllt dramor, ond i ddysgu am ddiwylliannau gwahanol bobloedd y byd.

Iwerddon

Tomen fawn yng Nghonnemara (1950au). Cesglid y mawn a'i gludo ar gefn mulod i'r bythynnod islaw.

Hogiau bach yn gweithio'n galed. Roeddent yn fodlon iawn i gael tynnu eu lluniau er mwyn estyn eu dwylo allan am arian wedyn!

Ffrainc

Campio yn y Camargue yn y 1950au.

Grŵp gwylio adar Glan-llyn, rhywle yn Ffrainc ddiwedd y 60au. Cawsom gyfle i weld nifer dda o adar sy'n ymwelwyr prin â gwledydd Prydain megis yr Hirgoes, Cambig, Crëyr Gwyn a Chrëyr Porffor. Yn anffodus, roedd y gwynt *Mistral* mileinig yn chwythu'n ddi-baid drwy gydol ein harhosiad!

Yr India

Rhaid dweud bod yr adeilad y tu hwnt i bob amgyffred, ac yn dlysach na'r holl luniau a welsom ohono. Dywedwyd wrthym nad yw cyfoeth yn dod â hapusrwydd yn aml, ac mai Teml Hardd o Dristwch yw'r Taj Mahal yma. Bu farw'r frenhines ifanc ar enedigaeth ei phedwerydd plentyn ar ddeg, a choffadwriaeth iddi hi yw'r palas hardd.

Pelicanod Gwynion.

TEITHIAU TRAMOR

Glas y Dorlan Fronwen.

Cawsom dridiau bythgofiadwy yng Ngwarchodfa Adar Bharatpur. Ein tywysydd oedd Udai, a reidiwr y ricshô oedd Prem – roedd y ddau yn hanfodol i ni. Fe wyddai Udai yr union leoedd i fynd â ni i weld yr adar, ac roedd Prem yn ein cludo ni a'r gêr ffotograffig holl bwysig ar hyd y llwybrau cul.

Golygfa o'r dre yn Jaipur.

TED: DYN YR ADAR

Mae'r mwnci Rhesws Macaque wedi addasu'n berffaith i fywyd trefol, ac fe'i gwelir yn lladrata'n hael yn y marchnadoedd. Soniodd cyfaill fod un ohonynt wedi dysgu agor drws ei rewgell, dewis eu danteithion, ac wedyn cau'r drws yn daclus ar eu hôl!

Yn sicr, yr anifail amlycaf yn yr is-gyfandir yw'r fuwch. Fe'i gwelir yn ymlwybro'n hamddenol yn y dinasoedd pwysicaf, ac yn cipio llysiau o'r marchnadoedd. Dioddefir hyn am ei bod yn anifail cysegredig.

Ar daith o Agra tua'r gogledd gwelsom griw cecrus o Fwlturiaid – degau ohonynt yn glòs gyda'i gilydd ar ochr y ffordd. Yr atyniad mawr iddynt oedd damwain a ddigwyddodd i lorri ddeuddydd ynghynt, pan anafwyd a lladdwyd rhai byfflo oedd yn teithio arni. Mae'r Fwltur ar ei adain yn un o'r adar mwyaf gosgeiddig, ond nid felly pan fo wedi gorfwydo a'r pen yn hongian yn swrth a chrebachlyd! Deallaf y gall haid o'r adar hyn rwygo a bwyta bustach cyfan mewn llai nag ugain munud.

Teimlem yn eitha cartrefol pan welsom y frân hon yn yr India, ond sylwer bod ganddi big cryf a swmpus – gwahanol iawn i'r rhai welwn ni gartref.

Defnyddiwyd Eliffantod Asiaidd i weithio ac i ryfela ers dros 2,000 o flynyddoedd, a dyfalwn sut roedd y *Mahmout* yn rheoli ac yn tywys ei anifail. Dywedwyd wrthyf gan un o'r Indiaid mai drwy bwyso â'i draed ar gefn y clustiau y mynegid y gorchmynion yn ychwanegol at gyfarwyddiadau lleisiol. Eglurwyd pa mor bwysig oedd i'r anifail ufuddhau i *bob* gorchymyn.

Y *Mahmout* yn mwynhau mygyn ar gefn ei eliffant.

Roedd teithio ar gefn eliffant yn gyfle gwych i ni wylio'r ceirw, y mwncïod a'r adar yn y coedwigoedd. Gwelsom Garw Sambhur yn sbecian arnom drwy'r tyfiant.

Gambia

Ted a Dei mewn cuddfan ym Mharc Bywyd Gwyllt Abuko, Gambia. Er mai sicrhau lluniau ar gyfer rhaglen deledu oedd ein nod, serch hynny llwyddasom i daro llygaid ar tua 125 o rywogaethau o adar.

Enw arall ar yr *Anhinga*, neu'r Dartiwr rhyfeddol, yw Aderyn Neidr, gan fod ei ben mor debyg i ben neidr pan fydd yn nofio yn y dŵr. Nid yw'n annhebyg i'r Fulfran ac mae'n bysgotwr gwych.

TEITHIAU TRAMOR

Un o'r llefydd gorau yn Gambia i wylio adar yw Heol y Bund, sydd wedi ei hagor yn syth ar draws corsydd Mangrove, flynyddoedd yn ôl. Yno medrwch gymryd cwch modur allan i'r gors, a gweld amrywiaeth wych o adar. Mae'r Pelicanod, yn arbennig, wedi ymgartrefu ar hen long wedi rhydu a hanner suddo.

Kenya

Estrys ar y peith-dir (taith i Kenya, 1973).

Fflorida

Er bod Pelicanod yn gyffredin yn Fflorida, maent wedi prinhau a than fygythiad yn gyffredinol yn America. Diflanasant yn llwyr o lawer talaith.

Synnais mor eofn a hyderus oedd y Cnocellod Bolgoch o gwmpas y byrddau bwyd a ddarperir ar gyfer adar yn Fflorida. Roeddent yn codi briwsion mor ddeheuig â theulu'r Titw ar ein bwrdd adar yn yr ardd gartref.

Roedd yn noson braf ac Anwen a minnau yn cerdded yng ngardd ein gwesty pan welsom y llyffaint bychain del hyn ar y lampau trydan. Roedd y golau yn hudo pryfed o lawer math atynt, a dichon fod hynny'n baradwys i'r llyffaint! Diau fod sugnwyr ar eu traed i ddringo'r polion llyfn llithrig.

Deallaf nad oes llawer o waith ymchwil wedi ei wneud ar lyffaint y byd. Dywedir eu bod ar y ddaear ers 170 miliwn o flynyddoedd a bod oddeutu 3,500 o wahanol rywogaethau o lyffaint melyn a llyffaint dafadennog mewn bodolaeth heddiw.

Roeddwn wrth fy modd yn gweld yr Wylan Gylchbig yn ei chynefin. Ceir ambell i gofnod prin ohoni yng Nghymru – yn amlwg wedi ei chwythu ar draws yr Iwerydd gan dymhestloedd. Roedd un yn harbwr Pwllheli yn Ionawr 1987.

Cefais gryn drafferth i dynnu'r lluniau hyn; roeddwn yn sylweddoli ei bod yn olygfa werth ei thynnu. Gorfu i mi gerdded trwy ddŵr bas ar dywod pantiog iawn, a thyllau digon cas mewn ambell le. *Heidiau o Belicanod Brown, Rhydyddion a Sgimwyr ydy'r adar.*

Mae cefndryd agos iawn i'r Crëyr Gwyn Bach hwn o Fflorida yn mynychu gwledydd Prydain erbyn hyn. Maent wedi cynyddu cymaint yn ne Lloegr fel y disgwylir iddynt fagu yno unrhyw flwyddyn. Ym 1994 gwelsom ddau ar aber afon Glaslyn, a'r diwrnod canlynol ffoniodd ffrind i ddweud bod pedwar ohonynt ar yr aber ers dyddiau.

Pibyddion y Tywod – yr un rhywogaeth ag a welir ar draethau Cymru.

Profiad hyfryd oedd bod ar lan y môr a gweld y Crymanbig Gwyn, a chael cydgerdded trwy ewyn gwyn y môr gydag ef, heb amharu dim arno.

TEITHIAU TRAMOR

Crëyr y Nos (uchod), Crëyr Glas Bach (chwith). Yr hyn a'm swynodd yn Fflorida oedd y ffaith fod y crehyrod mor ddof yno. Gan amlaf mae'n amhosib mynd yn agos at y Crëyr Glas gartref, ond yma roeddent fel petaent yn gosod eu hunain yn ddel i chi dynnu eu llun!

Canada

Buom yn tynnu lluniau o'r gwahanol Bolion Totem ym Mharc Stanley yn Vancouver, a deall fod pob un yn adrodd stori neu chwedl mewn ffordd liwgar.

Roedd yn hyfryd gweld y Gwyddau Canada yma yn eu gwlad a'u cynefin naturiol!

Roedd Gwiwerod y Ddaear yn niferus iawn yng Ngorllewin Canada, ar lawr gwlad a hefyd pan aethom mewn gondola i ben Mynydd y Brwmstan. Roeddent yn hynod o ddof.

Teithio mewn cwch ar Lyn Maligne ac i fyny at Spirit Island a'r clogwyni anferth yn closio amdanom. Cawsom gyfle i gael golwg agos ar y Trochydd Mawr ar ein mordaith.

Ardal y Môr Canoldir

Yr Hirgoes oedd un o'r rhydyddion amlycaf ym Majorca. Cawsom gyfres dda o luniau ohonynt yn cymharu, yn troi'r wyau ar y nyth ac yn ymlid Cwtieir o'u tiriogaeth. Roedd yn hwyl gweld hwn yn ceisio eistedd ar yr wyau!

Ni feddyliais erioed am Majorca fel cynefin dymunol i adar, ond digwyddais ddarllen erthygl oedd yn canmol yr ynys i'r entrychion, ac ni chawsom ein siomi gyda'r niferoedd na'r amrywiaeth o adar a welsom.

TEITHIAU TRAMOR

Roedd gweld y mul bach hwn yn saff neu'n gaeth yn ei gwt (ym Mhortiwgal) yn dwyn atgofion yn ôl o'r mulod oedd yn pori ar y ffridd ger Tan-y-bwlch, Manod ers talwm. Bob bore yn y tymor nythu byddai Jac-do neu ddau yn cerdded ar eu cefnau, ac yn tynnu'n hael ar y blew. Pan hedfanai ymaith i'w osod yn leinin i'w nyth, ymddangosai fel petai wedi tyfu mwstás sylweddol!

PENNOD 8

TIRLUNIAU

Ysgrifennodd ymwelydd enwog yn Oes Fictoria am Ddyffryn Maentwrog: 'Gyda gwraig serchog, cyfaill cywir, a chasgliad da o lyfrau, gallasai rhywun dreulio oes yn y dyffryn hwn a meddwl mai diwrnod ydoedd'. Mae hyn yn wir am Wynedd gyfan, a thrwy ychwanegu bywyd gwyllt at restr y teithiwr, gallaf dystio nad yw oes ond megis un awr i'r naturiaethwr.

Mynd allan yn gynnar fore heddiw. Roedd yr haul yn tywynnu a phrydferthwch natur ar ei orau.

TIRLUNIAU

Hen ffordd y porthmyn a'r goets fawr rhwng Croesor a Than-y-bwlch.

O gopa'r Eifl, hefo hen gaer Tre'r Ceiri o'ch blaen.

Cefais sbel hir o dynnu lluniau gan geisio cofnodi'r Capel, y ddwy groes fawr, y creiriau a'r adeiladau eraill sy'n gwneud Enlli mor ddiddorol.

Iglw o dan Grib Goch. Buasem wedi hoffi treulio'r noson yno!

Eira a rhew'n parhau i gadw'r wlad dan glo, a digonedd o'r pibonwy disglair i'w weld. Cefais hanes gan gyfaill am lwynog newynog yn cipio cath o'r adeiladau yn Llyn Stwlan.

TIRLUNIAU

Pistyll Rhaeadr, ger Llanrhaeadr-ym-Mochnant, yn ei ogoniant.

Dŵr yn tasgu dros y cerrig.

Bu gwirfoddolwyr yn brysur yn atgyfnerthu twyni tywod Harlech gyda ffensys.

Patrwm fel 'coluddion' wrth i'r llanw orchuddio/ddadorchuddio'r sianelau ar Forfa Glaslyn.

Mewn gwirionedd mae cysylltiad gennyf â phob un o chwareli Bro Ffestiniog, gan fod teulu rhywdro wedi bod yn gweithio ynddynt. Cofiaf y pennill:

> Wyth awr yn gweithio,
> Wyth awr yn rhydd;
> Wyth awr yn cysgu
> Am wyth swllt y dydd.

TIRLUNIAU

Blaenau Ffestiniog. 'Breichled o dref ar asgwrn y graig' (Gwyn Thomas).

Adlewyrchiadau ar Lyn Gwynant. 'A'r llun yn y llyn a'i llonnodd.'

Aber afon Dwyryd o dopiau Llandecwyn. Ni fydd ysblander golygfeydd fy ngwlad byth yn pallu.

Y 'Wal Fawr', Llandecwyn, a'r Wyddfa yn gefndir.

Crib Nantlle o Gwm Pennant. 'Cwm tecaf y cymoedd . . .' (Eifion Wyn).

Machlud dros Foel y Gest.

TIRLUNIAU

Mae prydferthwch yn ein hamgylchynu ym mhob tymor ac ar bob tywydd.

Machlud melynaidd.

TIRLUNIAU

Un o olygfeydd hynotaf y gaeaf i mi yw gweld yr adar yn tynnu at ei gilydd i glwydo gyda'r machlud.

Ar noson fel hon gall rhywun freuddwydio neu ddychmygu bod ein byd yn lle perffaith.

Cofio Ted Breeze Jones

O ddyfod hyd y ffordd fe ddaethom
At ben bryn uwchben rhyw ddyffryn
Ac uwchben môr oedd yn ymagor
Yn faith, a glas, a disglair.

Ac yn yr awyr erwyr,
Yn araf droelli, droelli
Dan yr haul yr oedd aderyn.

Cliciodd pethau yn fy meddwl
Fel cyfrifiadur, ar ôl pwyso allwedd,
Yn fflachio, fflachio drwy ei raglen:
    YMA, CEFFALONIA >
    BYWYD GWYLLT >
    UN O'R ADAR >
    ERYR.

Dan aur yr haul
Yn araf, araf droelli
Yn yr awyr erwyr: Eryr.

Eryr, ennyd; ac yna fe grafangodd
Y côf yn ôl i le, i le yng Nghymru,
Yn ôl, yn ôl hefyd i orffennol:
Cymerau, pedwardegau, haf;
Ac yn yr haf hwnnw yr oedd boda
Yn hamddena uwch ysgithredd a gwrymiau
O goedydd a dyfroedd a chreigiau.
'Arglwydd,' meddai yntau,
'Arglwydd yr awyr.'

Yr 'yntau' hwnnw, nid yw mwy;
Gwelais ei arch, dan yr haul
Wrth raffau'n cael ei gollwng
I dywyllwch daear-dywod Pendryn.
Yr 'yntau' hwnnw, Ted ydoedd.

Ond ar fryn mewn gwlad bell, yn uchel,
Wrth weld eryr yn yr haul,
Gyda mi, Ceffalonia, Cymerau,
Amser a fu, a rŵan,
Yn rhywle yno yr oedd 'yntau'.

Gwyn Thomas

Cyhoeddiadau Ted

Llyfrau:

Gwylio'r Gwyllt [gol.] (1966)
Swyn Natur, Cwmni Urdd Gobaith Cymru (1966)
Yr Adar Mân, Gwasg Prifysgol Cymru (1967)
Adnabod ein Byd, Cyhoeddiadau Modern Cymreig (1968)
Natur yn yr Ardd, Cwmni Urdd Gobaith Cymru (1969)
Lle yn yr Haul, Cwmni Urdd Gobaith Cymru (1971)
Cant o Gwestiynau Seiat Byd Natur [gol.] Cyhoeddiadau Modern Cymreig (1971)
Rhestr o Adar Cymru [Cyd-awdur â Peter Hope Jones], Amgueddfa Genedlaethol Cymru (1973)
Bird Watching in Snowdonia [Cyd-awdur â G.E. Thomas], John Jones, Caerdydd (1976)
Seiat yr Adar, Gwasg Dwyfor (1981)
Adar yr Ardd (1) [Lluniau i'r gyfres gan Islwyn Williams] Gwasg Dwyfor (1981)
Adar yr Ucheldir (2) Gwasg Dwyfor (1981) [Cyfieithwyd i'r Wyddeleg ym 1983]
Adar yr Afonydd a'r Llynnoedd, (3) Gwasg Dwyfor (1982)
Nabod Adar: Arweinlyfr i Adar Prydain, [Cyfieithiad o lyfr Peter Hayman], R.S.P.B. (1982)
Adarydda, Gwasg Cambrian (1982)
Adar y Coedydd (4) Gwasg Dwyfor (1983)
Adar Llawr Gwlad a Chorsydd (5) Gwasg Dwyfor (1983) [Cyfieithwyd i'r Llydaweg ym 1989]
Adar y Glannau (6) Gwasg Dwyfor (1983) [Cyfieithwyd i'r Llydaweg ym 1984]
Adar Cefn Gwlad (7) Gwasg Dwyfor (1984) [Cyfieithwyd i'r Llydaweg ym 1985]
Adar yr Aberoedd a'r Traethau (8) Gwasg Dwyfor (1984)
Pa Aderyn? [Cyfieithiad o lyfr M. Lambert ac A. Perason], Gwasg Gomer (1984)
Adar Prin (9) Gwasg Dwyfor (1985)
Eoin an Aite [Cyfieithiad Gwyddeleg o ddetholion o amryw gyfrolau yng Nghyfres Adar Gwasg Dwyfor], Gwasg Dwyfor (1986)
Gwylio'r Gwyllt. Rhai o Ysgrifau y Naturiaethwr T.G. Walker, Gwasg Dwyfor (1987)
Clicio'r Camera. Dyddiadur Naturiaethwr, Gwasg Dwyfor (1987)
Canlyn y Camera. Ail Ddyddiadur Naturiaethwr, Gwasg Dwyfor (1990)
Anifeiliaid y Maes Hefyd [Ffotograffau Ted a cherddi Gwyn Thomas], Gwasg Dwyfor (1993)
Goleuo'r Sêr: Golwg ar Kelt Edwards a'i Waith, Llyfrau Llafar Gwlad – Rhif 29, Gwasg Carreg Gwalch (1994)
Plu yn y Paent: Gwaith yr Arlunydd Bywyd Gwyllt Gareth Parry [gol.], Gwasg Dwyfor (1994)
Adenydd i'r Camera. Trydydd Dyddiadur Naturiaethwr, Gwasg Dwyfor (1996)
Adar Dof Cymru Fu, Llyfrau Llafar Gwlad – Rhif 35, Gwasg Carreg Gwalch (1997)

Erthyglau / Lluniau Mewn Cylchgronau a Llyfrau:

Gweler: *Llyfryddiaeth Ddetholedig Ted Breeze Jones (1929-1997)*, Dafydd Guto Ifan [cyhoeddwyd gan yr awdur] (2000)

Rhestr o'r Cyfranwyr

Ken Daniels – Blaenau Ffestiniog

Dilwyn Jones – Caerdydd

Gwyn Thomas – Bangor

Dei Tomos – Nant Peris

John Lawton Roberts – Llangollen

Peter Hope Jones – Porthaethwy

Gareth Parry – Llan Ffestiniog

Robin Williams – Rhos-lan

Wil Evans – Llangefni

Emyr Roberts – Bethesda

Kelvin Jones – Tremadog

John Eric Williams – Pwllheli

David Trevor Davies – Macclesfield

Gareth lloyd – Wakefield

Wil Jones – Croesor

Duncan Brown – Waun-fawr

Twm Elias – Nebo